# Boa Vista

Insel der endlosen weißen
Strände und Sandwüsten

Möge dieses Buch helfen die Kapverden
und ihre Menschen besser zu sehen und zu verstehen.

Herausgegeben von Edition Belavista
in der Cabo Vista Publishing & Entertainment Lda.
In Kooperation mit diariesof - diariesofmagazine.com



Text & Redaktion: Anabela Valente
Fotographie & Bildredaktion: Jorge Valente
Übersetzung: Norbert Classen
Lektorat: Devam Will
Korrektorat: Norbert Classen
Satz & Gestaltung: Jorge Valente
Fotos: Jorge Valente; Anabela Valente; S. 21 Salvador Aznar
(shutterstock); S. 57 Rui G. Santos (shutterstock); S. 64-65 Samir
Martins; S. 66 Pedro López; S. 67 (oben) Pedro López;
S. 67 (unten) Tomas Kotouc (shutterstock); S. 68-69 Pedro López

1. Auflage: März 2022

Hergestellt in der EU

Edition Belavista
Cabo Vista Publishing & Entertainment Lda.
Alto Fortim - Mindelo - São Vicente
Cabo Verde

editionbelavista.com

ISBN: 978-3-86264-898-6

diariesof

# Boa Vista

## Insel der endlosen weißen Strände und Sandwüsten

Texte und Fotos
Anabela Valente und Jorge Valente

BELAVISTA

# Inhalt

Vorbereiten des Boards für das Kitesurfen an der Praia do Estoril ›

Gold Coast

# Willkommen auf „Bubista“

*Boa Vista* ... Land in Sicht! Gut möglich, dass die anfängliche Begeisterung der Entdecker unversehens in Enttäuschung umschlug, als ihnen klar wurde, wie unfruchtbar und trocken die Insel war. Einer Mondlandschaft ähnelnd, mit jeder Menge Sand, der sich zu endlosen Dünen anhäufte, aber ohne Trinkwasservorkommen - wen wundert's, dass Boa Vista jahrhundertelang unbesiedelt blieb! Heutzutage erweisen sich genau diese Gegebenheiten als höchst vorteilhaft, denn sie locken Scharen von Touristen an: Sonne, Dünen und endlose Sandstrände, umsäumt vom Meer. Natur pur. Der eine oder andere Besucher mag sogar zu sich selbst finden in einer originären Landschaft wie dieser - und kann dazu von einem wunderbaren Strandurlaub profitieren.

Die *Cabrers*, wie sich die Insulaner selbst nennen, haben diese „Attraktionen" Tag für Tag. Oder sollte man besser sagen, sie haben nur das? Ganz offensichtlich sind sie glückliche, bezaubernde Menschen, und, wie wir finden, unnachahmlich in ihrem Gespür für Schönheit, in ihrer Offenheit und Gastfreundschaft. Die „Morabeza" ist den Kapverdiern in die Wiege gelegt und sie teilen sie freizügig mit jedem Gast.

Einst gab es Zeiten, als die Insel vor allem Piraten anzog. Sie wollten ihr Stück vom Kuchen und auf ihre Weise an den Reichtümern des Salzabbaus teilhaben. Wenn sie nahten, flohen die Insulaner vor ihnen und suchten Schutz im Hinterland. Die modernen Freibeuter von heute dagegen haben es auf das touristische Potenzial der Insel abgesehen und werden mit offenen Armen empfangen. Von ihnen erhofft man sich Investitionen und neue Arbeitsplätze.

Auf Boa Vista wurde die Morna geboren, ein Musikstil, den Cesária Évora weltberühmt gemacht hat. Die Suche nach den Ursprüngen der Morna führt uns in abgelegene Dörfer zu Sängern, Geigen- und Gitarrenspielern, die diese sehnsuchtsvollen Lieder auf eine Weise interpretieren, wie es nur glücklichen Menschen möglich ist. Die Ältesten der Insel sind wandelnde Enzyklopädien. Sie haben all die traditionellen Lieder in ihrer Erinnerung bewahrt und können sie unverfälscht rezitieren und singen.

*Bubista* vermag jeden Besucher in ihren Bann zu ziehen, durch ihre spröde Schönheit und die Natürlichkeit ihrer Bewohner. Wetten, dass Sie dereinst zu dieser fantastischen Insel zurückkehren möchten?

‹ *Morabeza* in Gestalt eines lächelnden Jungen in Fundo das Figueiras

# Die Highlights von Boa Vista

1. Entdecke die lebhafte Hauptstadt **Sal Rei** und all seine Restaurants mit leckeren Meeresfrüchten
2. Verbringe einen Tag am zauberhaften Strand Praia do **Estoril** und schaue den Wind- und Kitesurfern beim surfen zu
3. Besuche das Dörfchen **Rabil**, wo die Töpferkunst der Insel zuhause ist, und wandere am Abend durch die **Viana-Wüste**
4. Erklimme die Dünen von **Praia de Chaves**, surfe sie hinab und genieße einen Drink in der wunderbaren Restaurant-Bar Pérola d'Chaves
5. Beobachte außergewöhnliche Sonnenuntergänge auf dem Gipfel der Dünen von **Morro de Areia**
6. Verbringe einen Tag an der **Santa Mónica Beach** (auch bekannt als **Curralinho**), dem schönsten Sandstrand der Insel
7. Fahre ins verlassene Fischerdorf **Curral Velho** und ins abgelegene **Povoação Velha**, um das echte Dorfleben kennenzulernen
8. Fahre zur Oase **Fonte Vicente**, um faszinierende Baobabs und gigantische Seemandelbaum zu bewundern
9. Besuche das Naturschutzgebiet bei **Ponta de Ervatão**, in dem Meeresschildkröten ihre Eier ablegen
10. Genieße den Ausblick vom Leuchtturm in **Morro Negro** und lausche den Erzählungen von Piraten und versunkenen Schiffen
11. Besuche **Fundo das Figueiras**, das bunteste Dorf der Insel, und probiere die lokale Spezialität: geröstetes Zicklein

onta do Sol
Cabo Santa Maria
Praia da Boa Esperança
Ponta Antónia
Espingueira
Praia das Gatas
Nossa Senhora de Fátima
1
SAL REI
Bofareira
2
aia do storil
Aeroporto
Estância de Baixo
Deserto Viana
João Galego
Ilhéu do Baluarte
Fábrica da Chave
Rabil
3
11
Fundo das Figueiras
Cabeço dos Tarrafes
de es
4
Odjo d'Mar
Morro Negro
10
o de eia
8
Fonte Vicente
9
Ponta de Ervatão
ação Velha
Praia de João Barrosa
6
7
Curral Velho
aia de a Mónica
RIU Touareg
Praia de Lacação
Boa Vista
Atlântico

# Geschichte

### › 1456

Boa Vista war die erste Insel des Archipels, die entdeckt wurde. Der portugiesische Seefahrer Diogo Gomes taufte sie auf den Namen „Gute Aussicht“, weil er froh war, nach so vielen Tagen auf See Land zu sehen. Erste Besiedlungsversuche begannen im Jahr 1490 mit ausgesetztem Vieh und Sklaven als Hirten.

### › 1620

Engländer entdeckten in Povoação Velha hochwertiges Salz und begannen den systematischen Abbau der Salzseen im Süden der Insel. Doch die Siedlung florierte nicht, weil sie in den folgenden Jahrzehnten immer wieder von Piraten überfallen wurde.

### › 1818

Sal Rei, damals Porto Inglês genannt, wurde aufgrund des Salzabbaus zur wichtigsten Siedlung. Auf der kleinen vorgelagerten Insel errichtete man eine Festung, um das Dorf vor Seeräubern zu schützen.

### › 1951

Kap Verde wurde portugiesische Überseeprovinz und im Jahr 1961 wurden allen Insulanern portugiesische Bürgerrechte garantiert. Zu spät, denn die Bevölkerung von Kap Verde hatte ihren Wunsch nach Unabhängigkeit bereits klar zum Ausdruck gebracht.

### › 1975

Nach über einem Jahrzehnt der Konflikte in Guinea Bissau, die vom Kapverder Amílcar Cabral angeführt wurden, führte die portugiesische Nelkenrevolution in 1974 endlich zur Unabhängigkeit von Kap Verde unter einem Einparteiensystem.

## › 1834

Sal Rei gelangte zu Wohlstand. Neben dem Salzabbau florierten die Textilindustrie und der Export von Lackmus (*Roccella tinctoria*). Fast wurde Sal Rei sogar Hauptstadt des *Barlavento*, doch am Ende machte Mindelo das Rennen.

## › 1845

Hunger und Gelbfieber dezimierten die Bevölkerung und brachten die Wirtschaft zum Erliegen. Die folgenden Jahre waren durch einen ökonomischen Abschwung gekennzeichnet, weil Sand die Salzseen verunreinigte und Lackmus auf dem internationalen Markt durch synthetische Farbstoffe ersetzt wurde.

## › 1990

Präsident Pereira (PAICV) führte die parlamentarische Demokratie ein und nach 15 Jahren Herrschaft wurde seine Partei von der MpD geschlagen. Kap Verde ist heute eines der best entwickelten und demokratischsten Länder Afrikas.

## › 2007

Der Bau des internationalen Flughafens Aristides Pereira hat die Türen der Insel für den Massentourismus geöffnet. Internationale Airlines fliegen Boa Vista von etwa einem Dutzend Länder aus an.

# Daten & Fakten

### › Barlavento

Boa Vista gehört zusammen mit São Vicente, Santo Antão, Santa Luzia, São Nicolau und Sal zum *Barlavento*, der Gruppe der windzugewandten Inseln. Die Inseln der Leeseite (*Sotavento*) sind Maio, Santiago, Fogo und Brava.

### › 620 km²

Boa Vista ist 31 Kilometer lang und 29 Kilometer breit. Mit einer Fläche von etwa 620 Quadratkilometern ist sie die drittgrößte Insel des Archipels, das eine Gesamtfläche von mehr als 4000 Quadratkilometern Land umfasst. Das einzige urbane Zentrum und zugleich Hauptstadt von Boa Vista ist Sal Rei.

### › Schildkröten

Die langen einsamen Sandstrände bieten hervorragende Rückzugsorte für seltene Seevögel und bedrohte Meeresschildkrötenarten, darunter die Unechte Karettschildkröte, die jedes Jahr hierher zur Eiablage kommt.

## › Tourismus

Während die Bewohner von Boa Vista nach wie vor hauptsächlich von Fischfang und Landwirtschaft leben, hat in den letzten Jahren der Massentourismus mit seinen großen Hotelkomplexen Einzug auf der Insel gehalten. Deren Einnahmen kommen den Einheimischen allerdings kaum zugute.

## › 387 m

Boa Vista ist vulkanischen Ursprungs und gehört zu den ältesten Inseln des Archipels, was erklärt, warum sie so flach ist. Erosion hat sie über die Jahrtausende abgetragen, so dass der höchste Gipfel gerade einmal 387 Meter hoch ist.

## › Dünen

Die Küste wird von Sanddünen dominiert, während das Landesinnere steinig ist. Die Riffe um die Insel generieren ein starkes Magnetfeld.

# Der Zauber von Sal Rei

**Nach unserem Flug über das türkisfarbene Meer setzt die Maschine zur Landung an. Durch das Kabinenfenster halten wir Ausschau nach der Insel, deren Name gute Aussichten verheißt.**

Aus der Vogelperspektive sieht Boa Vista nur wenig einladend aus. Ein erster Eindruck, den wir später leichten Herzens revidieren, beim Anblick der wundervollen Strände und beim Eintauchen in das quirlige Leben von Sal Rei. Wir haben unsere Unterkunft in der Hauptstadt der Insel gebucht, deren Name „Sal Rei" – „Salzkönig" bedeutet und auf den früheren gewichtigen Rang der Salzproduktion auf der Insel hinweist. Die Salzgewinnung aus

‹ Stressfreies Stadtleben in den Straßen von Sal Rei

dem Meer hatte Boa Vista einstmals reich gemacht und der Wohlstand zog damals regelmäßig Piraten an. Zum Schutz gegen die Seeräuber ließ der Gouverneur auf der vorgelagerten kleinen Insel, gleich gegenüber vom Hafen, die Festung Duque de Bragança errichten. Man kann sie heute noch besichtigen und entweder schwimmend oder mit einem gemieteten Boot erreichen.

Wir sitzen auf dem malerischen zentralen Platz Santa Isabel und erfreuen uns am Anblick der gleichnamigen Kirche sowie der alten atmosphärisch stimmigen Gebäude aus der Kolonialzeit. Eines der Häuser sticht uns besonders ins Auge, die Stadtbibliothek. Sie ist in einem markanten Bauwerk im Kolonialstil untergebracht, gleich neben der historischen Villa von David Ben'Oliel. Wir sind neugierig, wie es in der Bibliothek aussehen mag und treten ein und werden herzlich von Alesandra empfangen, der attraktiven Bibliothekarin. Es ist uns eine große Freude und stillt unseren Wissensdurst, sich mit ihr ausgiebig über kapverdische Literatur auszutauschen. Wir leihen zwei Bücher aus, die uns die nächste Woche auf unseren Reisen begleiten sollen. Eines davon ist der Roman „Die fantastische Insel" von Germano Almeida, der auf Boa Vista geborene Autor ist auch der wohl bekannteste Literat der Kapverden. Alesandra hat uns schon darauf hingewiesen, dass die „fantastische Insel" keine andere als Boa Vista sei und jetzt wollen wir von ihr erfahren, was genau so „fantastisch" an dieser Insel ist. Der Bibliothekarin zufolge hat das Buch ein Potpourri aus wahren Begebenheiten und Fantasiegeschichten zum Inhalt. Laut Alesandra eine locker und witzig geschriebene Sammlung von lokalen Mythen und Hexengeschichten. Neugierig geworden, setze ich mich auf der *Praça* in den kühlenden Schatten einer knorrigen Akazie und beginne mit meiner Lektüre.

Ich werde plötzlich zurück versetzt in eine Zeit, in der allzu oft überlieferte Rituale

Die Kirche Santa Isabel und der gleichnamige Platz in Sal Rei ›

und Aberglaube das Alltagleben beeinflussten. So war es beispielsweise üblich, wenn bei Schwangeren die Wehen einsetzten, Salz über das Dach des Hauses zu verteilen, um das Neugeborene vor dem bösen Einfluss von Hexen zu schützen. Wenn es vorkam, dass ein Kind nur unter Mühen zur Welt kommen wollte, rief man *Ti* Julia herbei, eine kapverdische Hebamme, die so manches alte Wissen besaß. Oder, es ereigneten sich Geburten zu Zeiten, in denen die Hexen, wie man meinte, besonders großen Hunger hatten – und Hunger galt als ein böses Übel, fast so wie die Hexen selbst. Indem man Salz aufs Dach streute, so der Volksglaube, meinte man den Säugling vor den üblen Einflüssen der Hexen schützen zu können. Denn bekanntlich hüten Hexen sich davor auf Salz zu landen, weil sie sich, wie man weiß, ohne ihre Haut auf den Besen fort bewegen. Das Salz würde ihr Fleisch unweigerlich aufs Schlimmste verätzen.

Ich bin so vertieft in die fantastische Lektüre, dass ich alles um mich her vergesse. Ein starker Windstoß lässt jäh die Blätter in den Bäumen rascheln und bringt die Seiten meines Buches zum Flattern. Unbemerkt von mir hat der Himmel sich gespenstisch verdunkelt. Und dann gewahre ich am anderen Ende des Platzes bei der alten Fischkonservenfabrik – ich schwöre es – mehrere Hexen, die Besen in ihren Händen tragen und schnurgerade auf mich zukommen. Mit klopfendem Herz renne ich über den Platz, husche hinein in die Kirche, wo ich mich in Sicherheit wähne. Niemals wird es eine Hexe wagen, eine Kirche zu betreten! Nach zehn Minuten traue ich mich wieder hervor und kann auf dem Platz – Gott sei Dank! – kein Zeichen mehr von Hexen ausmachen. Nur ein paar arbeitsame Frauen fegen mit ihren Besen den Vorplatz der Kirche …

Beim Schlendern durch die belebten Straßen vergesse ich schnell meinen Ausflug in die Welt der Fantasie: Jetzt grüßt wieder das wahre Leben. In einer Gasse tollen Kinder auf Fischernetzen herum – eines der zahlreichen Privilegien im Inselleben, in dem Kinder noch gefahrlos auf der Straße spielen können. Die wahren Gebieter über die Straße jedoch sind die Jugendlichen, die in Schuluniformen gekleidet durch die Gassen rennen. Eilig zieht es sie nach der Schule zum Strand. Hier ist jede Menge Zeitvertreib angesagt – Baden, Schwimmen, Surfen. Die Surfschule verleiht die Surfbretter, die bereit sind, jede Welle zu reiten. Ein paar der Jungs haben im Sand ein

Plaudernde Mädchen in den Straßen der Stadt; ›
Kinder spielen auf einem Fischernetz;
Ein Graffiti in der Nachbarschaft des Barraca Viertels

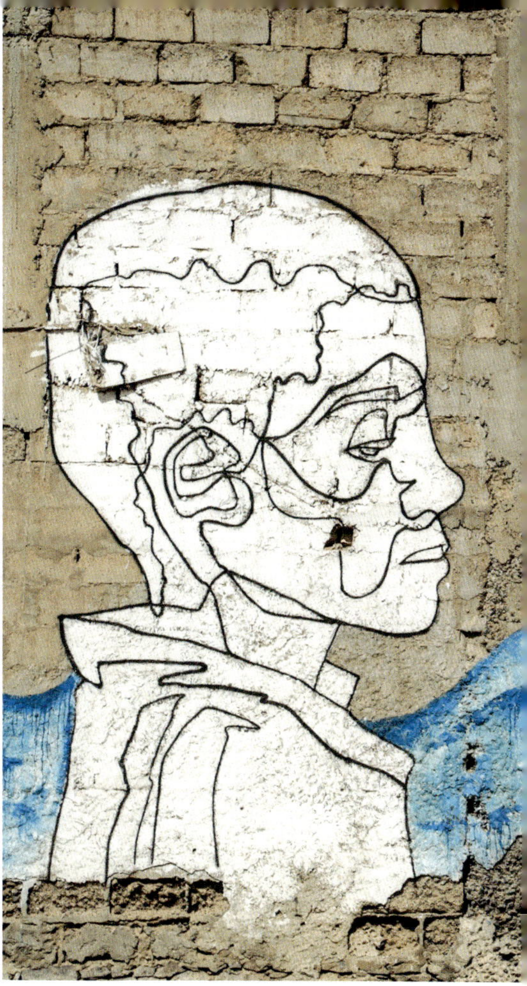

KÁ BA

provisorisches Fußballfeld abgesteckt und tragen lauthals und verbissen ihr Spiel aus. Später im Leben, wenn die jungen Burschen dann zu pubertieren anfangen, verlangsamt sich ihr Schritttempo und weicht einem stolzen Gang, dem teilweise eine swaggerhafte Attitüde anhaftet. Ein Ausdruck der Häutung, des Übergangs vom Kind zum Manne. Die Ziele und Treffpunkte bleiben die gleichen, der Strand oder der zentrale Platz, wo Grüppchen von Mädchen ihre Geheimnisse austauschen und verstohlen zu den Jungs hinüberäugen. Dann verstecken sie ihre Schüchternheit hinter aufgeregtem Kichern und Lachen, während die Jungs so tun, als würden sie den Teenies keine Beachtung schenken. Sie spielen Jungmänner-Spiele und sind dabei durchaus darauf bedacht, das andere Geschlecht zu beeindrucken. Sie reden laut, wollen sich im Wettkampf messen und herausfinden, wer stärker und geschickter ist.

Die Zeit vergeht und der unbeschwerten Jugendzeit folgt das Alter, in dem es heißt, für den eigenen Lebensunterhalt zu sorgen. Wir sehen die jungen Männer in



^ Mädchen in Schuluniform laufen zum Hauptplatz

diesem Lebensabschnitt bei ihrer Arbeit in den Ateliers, Werkstätten und Läden, die meist zur Straße hin offen sind. Manche von ihnen arbeiten draußen auf der Straße oder am Strand, als Mechaniker oder Bootsbauer. Gemüse- und Obstverkäufer, die ihre von den Nachbarinseln stammende Ware am Straßenrand anbieten, preisen ihre Ware als die frischeste und günstigste an. So wie immer. Schenkt man ihnen Beachtung, beginnen sie sogleich eine Plastiktüte zu füllen, ohne erst lange zu fragen, was man haben will. Ist es Effizienz, Notwendigkeit oder gar Aufdringlichkeit? Vielleicht von allem etwas. Eine der Frauen geriert sich nahezu euphorisch, als wir gegen Ende des Nachmittags zwei Papayas und je ein Kilo Bananen und Tomaten bei ihr kaufen. Während wir den Handel abschließen, kauft noch ein weiterer Kunde bei ihr ein. „Ich bin den ganzen Tag mit dem schweren Korb auf dem Kopf durch die Straßen gelaufen", seufzt sie, „ohne etwas zu verkaufen. Ich wollte mich schon entmutigt auf den Heimweg machen und jetzt habe ich in nur fünf Minuten doch noch genug für heute verkauft. Gott ist gut zu mir."

Straßenhändlerinnen verkaufen Obst und Gemüse von anderen Inseln ^

Einige der schönsten Gebäude von Sal Rei wurden während der „goldenen Jahre" der Insel gebaut, als sich David Ben'Oliel in der Stadt niederließ. Sein ehemaliges Haus beherbergt heute das Gasthaus Migrante. Der aus Marokko stammende Ben'Oliel, Sohn einer wohlhabenden jüdischen Familie, war ein erfolgreicher und gewitzter Händler. Ihn verschlug es in den 1860er Jahren auf der Flucht vor der Judenverfolgung auf dem Weg nach Brasilien auf die Insel. Er verliebte sich in eine junge Kapverdierin und blieb, um seine Handelsflotte zu vergrößern und die Kapverden mit Waren zu versorgen. Germano Almeida erwähnt ihn in seinem Roman „Das Testament des Herrn Napumoceno", in dem die Hauptfigur, Senhor Napumoceno, ein Händler aus São Vicente ist. Der Kaufmann macht auf Boa Vista Urlaub und kommt für die Zeit bei dem Geschäftsmann David Ben'Oliel unter. Er kauft Kalk, Ziegenhäute und Lackmusflechten bei ihm ein und erfährt dabei, dass Ben'Oliel das größte Handelshaus der Insel besitzt und zudem die meisten Boote. Er beschreibt ihn als einen vornehmen Menschen „mit ausgezeichnetem Benehmen" und betrachtet es als ein Privileg, ihn persönlich kennengelernt zu haben.

Wir wollen uns das historische Gebäude von Nahem ansehen und betreten das gemütliche Gasthaus Migrante. An der im Kolonialstil eingerichteten Bar bestellen wir uns einen Drink und schauen uns um. Das Migrante teilt sich in vier Zimmer auf und hat sich den Charme alter Zeiten bewahrt. Im Gästehaus befindet sich eine kleine Bibliothek, die den persönlichen Geschmack des Eigentümers widerspiegelt. Neben



^ Innenhof des Gasthauses Migrante (das ehemalige Haus von David Ben'Oliel)

den Romanen von Germano Almeida findet sich hier ein weiteres kostbares Zeugnis kapverdischer Literatur, das Buch *Cap-Vert, notes atlantiques* von Jean-Yves Loude. Nachdem ihm ein befreundeter kapverdischer Künstler neun Gemälde zum Kauf angeboten hatte, von dem jedes Motive einer jeweils anderen Insel darstellt, fühlte Jean-Yves Loude die Zeit gekommen, die Inseln selbst zu erkunden. Die Eindrücke auf seiner Reise auf die Kapverden hat er in seinem Buch festgehalten ... Im Migrante sind die Traditionen der Insel nach wie vor lebendig und man pflegt hier Kontakte unter Alteingesessenen. Diese bodenständige Art der Begegnung ist selten geworden, in einer Zeit des Tourismus, in der reihum All-Inclusive-Hotels wie Pilze aus dem Boden schießen. Toni, der Inhaber des Migrante, sieht die Situation äußerst kritisch und befürchtet, dass Boa Vista die Fehler anderer Urlaubsinseln wiederholen könnte. Die Missstände sind bekannt: Riesige Hotelkomplexe an den Küsten, Kulturzerfall und nahezu keinerlei Teilhabe der Einheimischen am Tourismusgeschäft.

## Puru Spiritu Kabuverdianu – ein uralter Laden

Ein paar Häuser weiter finden wir auf der dem Migrante gegenüberliegenden Straßenseite einen Laden, der rein kapverdische Erzeugnisse führt. Der Laden besteht seit dem Jahr 1870 und war seinerzeit das erste Warenhaus auf der Insel. Gebäude und Geschäftsräume wurde von Spencer Carvalho errichtet, einem jener Händler auf Boa Vista, die mit Salzhandel reich geworden waren. Seine Tochter heiratete besagten David Ben'Oliel. Der Ladenraum wurde 2016 von Grund auf – unter Erhaltung der alten

Puru Spiritu Kabuverdianu, ein historischer Laden, der früher einmal ^
Spencer Carvalho gehörte, einem wichtigen Händler des 19. Jahrhunderts

Architektur- restauriert und versetzt uns unmittelbar zurück in vergangene Zeiten. Die hölzernen Theken und Vitrinen sind über und über mit kapverdischen Produkten gefüllt: *Grogue* aus São Nicolau und Santo Antão, *Pontche* in vielen Variationen und verschiedenen Fruchtnoten, feine Fischprodukte und -konserven, Salz aus Sal und

Boa Vista, Kunsthandwerk und Gebrauchsgegenstände sowie zahlreiche interessante Bücher über Land und Leute. Hier findet man leicht ein Souvenir. Die Idee und das Konzept zu diesem Laden hatte Toni, der seit mehr als 20 Jahren auf Kap Verde lebt. Er will mit diesem Laden vor allem einheimische Künstler und Kunsthandwerker unterstützen und damit seinen Beitrag zum Erhalt des kapverdischen Erbes leisten. Anders als das Puru Spiritu Kabuverdianu bieten die zahlreichen Souvenirshops auf der Insel meistens keine kapverdischen Kunsthandwerke an. Es handelt sich in der Regel, um senegalesische Handwerker oder Künstler die vorwiegend Erzeugnisse vom afrikanischen Festland verkaufen.

In Sal Rei gibt es nahe der Praia de Cabral einen kleinen Friedhof, der an das jüdische Erbe der Insel erinnert. An diesem friedvollen und stillen Ort befinden sich lediglich eine Handvoll Gräber, nahezu alle von Mitgliedern der Familie Ben'Oliel. Hier wurde auch ein Denkmal für die mit 19 Jahren verstorbene Julia Petingall, errichtet. Sie war die Tochter von Charles Petingall, dem Leiter der britisch-portugiesischen Sklaverei-Kommission. Julias Familie hatte Boa Vista in den 1840er Jahren aus Furcht vor der Gelbfieber-Epidemie zwischenzeitlich verlassen, kehrte jedoch zu früh zurück, im irrigen Glauben, dass die Seuche überwunden sei. Julia erkrankte und überstand das Gelbfieber nicht. Sie wurde auf der Insel beigesetzt, bevor ihre Familie abermals abreiste. Unglücklicherweise trugen ihr Vater und ihr Verlobter den Keim



^ Schneider aus dem Senegal vor einem Souvenirladen

## Barraca: das andere Boa Vista

Wir finden keine Worte, es positiver auszudrücken: Barraca ist der Slum von Boa Vista, in dem Menschen in illegal errichteten Hütten und Baracken hausen, in denen es meist nicht mal fließend Wasser oder Strom gibt. Hier strandet der weitaus größte Teil der Menschen, die von den Nachbarinseln oder vom afrikanischen Festland nach Boa Vista gekommen sind. Sie kommen im Glauben an ein besseres Leben, das die All-Inclusive-Hotels mit ihren Jobs versprechen. Zwar zahlen die Hotels im Vergleich mit anderen kapverdischen Inseln recht gut, dennoch reichen die Löhne nicht aus, um die hohen Mieten auf der Insel zu bezahlen.

Wir beschliessen nach Barraca zu gehen und essen dort mit einigen Einheimischen, in einem Lokal zu Abend. Als wir in Barraca eintreten, legen wir, um weniger aufzufallen, unsere Fotokamera, einstweilen weg. Arietta, eine junge Journalistin, die sich engagiert für die sozialen Probleme der Insel einsetzt, klärt uns indes über die Interessenlagen und Hintergründe auf und wir beginnen die Zusammenhänge zu verstehen: Der Immobilienmarkt von Boa Vista ist von, Profit orientierten Spekulanten aufgeblasen worden. Diese haben Interesse daran, das Preisniveau hochzuhalten. Dies hat zur Folge dass, nur wenige Familien sich die hohen Mieten in Sal Rei leisten können. „Vor ein paar Jahren begannen die ersten Familien dann improvisierte Notunterkünfte am Rand von Sal Rei zu errichten, um ein Dach über dem Kopf zu haben", erklärt sie uns. „Jahrelang hielt die Regierung die Augen verschlossen und hat nichts gegen den illegalen Häuserbau unternommen. Mittlerweile ist das Problem so groß geworden, dass es nahezu unlösbar scheint." Um die Ausdehnung der Slums einzudämmen, hat der Staat kürzlich 90 neue Appartement-Häuser mit Sozialwohnungen für Familien aus Barraca gebaut. Was noch relativ wenig ist, um die Situation dauerhaft zu lösen. Doch der Mangel an bezahlbaren Wohnungen ist nur eine Seite des Probelms. Die andere spiegelt die sozialen Folgen. Die Mütter, die in den All-Inclusive-Hotels im Süden arbeiten, sind den ganzen Tag außer Haus und lassen ihre Kinder oft den ganzen Tag unbeaufsichtigt. Und die, die keinen Job haben, ertränken ihren Kummer im Alkohol oder greifen zu anderen Drogen.

der Krankheit schon in sich und für beide kam jede Hilfe zu spät – sie starben während der Überfahrt auf See.

Im Hafen herrscht reges Treiben, Frauen gehen mit ihren Einkäufen in der Markthalle ein und aus. Ganz in der Nähe bemerken wir einen Einheimischen, der versonnen aufs Meer hinausschaut. Wie selbstverständlich kommen wir ins Gespräch mit ihm, sein Name ist *Nhô* Ventura und von Beruf ist er Bootsbauer. Auf Santo Antão haben wir vom berühmten Bootsbauer *Mestre* Marcelino gehört und einen seiner Söhne kennengelernt. Auf unsere Nachfrage versichert unser neuer Bekannter, *Mestre* Marcelino persönlich gekannt zu haben. Er zeigt auf einige der Boote im Hafen, die er, wie er bekräftigt, selbst gebaut hat. Das grüne Boot dort links, das grüne mit den weißen Streifen daneben und einige mehr. „Da Sie offensichtlich Grün mögen, vermute ich mal, dass Sie kein Fan von Benfica – einem der portugiesischen Fußball-Teams mit großer Fan-Gemeinde hier, dessen Farbe Rot ist – sind?", frage ich. „Richtig geraten", antwortet er. „Ich bin eine Eidechse." – Ein Scherzname für die Sporting-Fans, eines

anderen portugiesischen Clubs, dessen Farbe Grün ist. Auch wir sind Fans der Eidechsen. Eine weitere Gemeinsamkeit, die wir teilen, lässt das Eis rasch schmelzen. Zum Besiegeln einer neuen Freundschaft laden wir ihn auf ein Glas *Grogue* ein. *Grogue* ist die kapverdische Variante des Zuckerrohrschnaps. Als Nationalgetränk ist er überall erhältlich, von günstig bis Premiumqualität und entsprechender Preisstaffelung. Wir nehmen ihn mit *Torresmos* zu uns, gebratener Schweinehaut. Wir prosten uns zu und beglückwünschen *Nhô* Ventura dazu, auf dieser wunderschönen Insel zu leben. Er

^ Eine alte Dame verkauft am Feiertag Süßigkeiten am Strand

Frau bei der Handwäsche auf einem öffentlichen Waschplatz in Sal Rei ›

nickt freundlich, und fängt sogleich an, von den guten alten Zeiten zu schwärmen, als die Insel genauso schön gewesen sei, aber mehr Zusammenhalt und Vertrauen unter der Bevölkerung herrschte. „Als ich jung war, war ganz Sal Rei wie eine einzige große Familie", erinnert er sich. „Ein Beispiel: Damals gingen die Fischer jeden Morgen noch vor Sonnenaufgang in die Botequim – die Bar –, um sich den einen oder anderen kleinen *Grogue* zu genehmigen. Selbst wenn der Wirt um diese Zeit noch nicht auf den Beinen war, ließ er sie gewähren und sich selbst bedienen. Es herrschte großes Vertrauen und die Männer hinterlegten ihm ihren jeweiligen Betrag. Der Wirt konnte genau ablesen, wer wie viel getrunken hatte, weil jeder Fischer seinen Platz an der Theke hatte, an dem er seine Münzen hinterließ. Das nenne ich Vertrauen und das vermisse ich zurzeit. Heutzutage laufe ich durch die Straßen und schaue in mir unbekannte Gesichter. Die Zeiten, als wir unsere Türen unverschlossen ließen sind lange vorbei."



^ Blick über die Bucht von Sal Rei, wo Fischerboote am Abend anlegen

Wir begegnen immer wieder Menschen, die sich nach den alten Zeiten zurücksehnen. Andere wiederum begrüßen den prosperierenden Tourismus. Eine junge Journalistin erklärt uns das Dilemma: „Natürlich begreifen wir, dass der Tourismus eine echte Chance für eine Insel ist, auf der so gut wie nichts produziert wird. Einige Rahmenbedingungen müssen sich jedoch ändern, damit die Bevölkerung mehr von der Situation profitiert. Die Hotels auf Boa Vista liegen weit weg von Sal Rei und anderen Orten, der Geldfluss verbleibt in einem geschlossenen System und nichts kommt bei uns Einheimischen an. Die Ressorts decken alle Serviceleistungen ab, Mahlzeiten, Touren und Souvenirs. Die Gäste bekommen alles Nötige auf dem Hotelgelände und sehen nur etwas von der Insel, wenn sie Touren buchen. Aber selbst diese werden ebenfalls von den großen Veranstaltern durchgeführt, Fahrt und Verpflegung inklusive. Die Ressorts spielen ihre Karten geschickt aus: Gerne gaukeln sie den Gästen vor, wie gefährlich die Insel sei, damit die Leute das Hotelgelände gar nicht erst verlassen. Eine glatte Lüge, weil sich die Touristen vor etwas fürchten, was es in Wahrheit gar

Der Bootsbauer *Nhô* Ventura, geniesst die Hafensicht am Ende eines Arbeitstags ^

nicht gibt. Die Insel ist sicher und niemand braucht mehr Befürchtungen zu hegen als anderswo auf der Welt. Es reicht, wenn ihr euch vor Betrügern und Taschendieben in Acht nehmt, wie überall sonst auch."

Tatsächlich sehen wir kaum Touristen in Sal Rei, was dem Charme des Städtchens mit seinen unzähligen fotogenen versteckten Plätzen keinen Abbruch tut, im Gegenteil. Auf unserer Entdeckungstour stoßen wir hinter dem Kunsthandwerkermarkt auf einen öffentlichen Waschbereich, in dem eine Frau gerade die Kleidung ihrer ganzen Familie wäscht. Sie ist emsig dabei ein Kleidungsstück mit Seife abzuschrubben. Dabei ist sie so tief in ihre Arbeit versunken, dass sie kein Auge für den wunderschönen Ausblick auf die Bucht mit den zahlreichen bunten Booten übrig hat. Auch uns bemerkt sie nicht. Und uns wird wieder einmal vor Augen geführt, dass es einen Unterschied macht, ob man sich auf einer Sightseeing-Tour befindet, oder sich den Verpflichtungen des Alltags stellen muss. Die Szene versetzt mich zurück in die


^ Der Strand ist ein riesiger Spielplatz für Jung und Alt

Vergangenheit, als meine Großmutter ebenfalls die Wäsche noch von Hand wusch. Hier auf Boa Vista haben viele Haushalte nicht einmal fließend Wasser, geschweige denn eine Waschmaschine.

Wir machen uns auf nach Barraca, einem ungemein ärmlichen Stadtviertel, in das sich nur selten Touristen verirren. Es ist ein Labyrinth aus halbfertigen Häusern und trotzdem ist es ist ein interessanter, authentischer Ort, voll umtriebigen Lebens - man sagt uns, dies sei ein Abbild des wahren Afrikas in all seiner kulturellen und ethnischen Vielfalt (siehe Kasten Seite 25).

Fußball gehört zu den beliebtesten Sportarten auf der Insel und am Strand ^

# Das Kunst- und Kulturzentrum

Auf Boa Vista hat man ein Herz für Künstler. Man hält ihr Andenken hoch und unterstützt die kontemporäre Kulturszene nach Möglichkeiten. Zeichen dafür finden wir in dem neuen Kunst- und Kulturzentrum. Vor dem Gebäude empfängt eine Statue von Luís Rendall die Besucher. Das Standbild stellt den berühmten Musiker und Künstler auf einem Stuhl sitzend und Gitarre spielend dar. Hinter ihm schmückt ein farbenfrohes Gemälde von Tith Ramos in einem dem Kubismus nachempfundenen Malstil die Wand.

Seit seiner Eröffnung im Jahr 2016 fördert das junge Kulturzentrum einheimische Künstler und Kulturschaffende unter der Voraussetzung, dass Themen und verwendeten Materialien in Bezug zu Boa Vista stehen. In mehreren Räumen sind Gemälde, Fotografien und Kunsthandwerk zu sehen. Neben diesen Dauerausstellungen organisiert das Zentrum Workshops, Konzerte – das Zentrum hat einen geräumigen Konzertsaal – sowie Tanzkurse für Kinder und Erwachsene. Das Angebot umfasst traditionelle und moderne Tänze, bis hin zu klassischem Ballett.

Wir schnuppern in den traditionellen Tanzkurs für Kinder hinein. Die Tanzlehrerin versucht wie ein Drillmajor, die Kinder zu bändigen. Fast könnte man meinen, sie habe es mit einer Bande wilder, kampfbereiter Krieger zu tun. Sie tanzen eine Mazurka, begleitet von fröhlichem Lachen. Ihre Bewegungen sind flüssig und ihe Körperhaltung elegant, so, als sei ihnen der Rhythmus angeboren und zum Ausdruck ihrer Freude am Tanzen geworden. Was könnte man ihnen noch beibringen? Als die Musik anhält, rennen alle zu ihren Wasserflaschen, um ausgiebig zu trinken. Geduldig lässt die Lehrerin sie gewähren, bis sie mit lautem Händeklatschen anzeigt, dass es weiter geht. Diesmal ist es eine Morna, die paarweise getanzt wird. Doch die getragene Melodie entspricht nicht wirklich der sprudelnden Energie dieser Kinder. Als sie von einer rhythmischen Colá San Jon abgelöst wird, sind alle wieder mit Enthusiasmus bei der Sache. Doch kein Vergleich zu Funaná, der schnellsten Musikrichtung der Kapverden, die darauf folgt und bei allen eine Explosion ekstatischer Freude auslöst …

Das Kulturzentrum richtet derzeit einen Shop ein, in dem Produkte und Werke einheimischer Kunsthandwerker und Künstler zum Kauf angeboten werden. „Damit eröffnen wir eine neue Verkaufsschiene für unsere Künstler",

‹ Statue des berühmten Musikers Luís Rendall vor dem Kunst- und Kulturzentrum; Wandgemälde von Tith Ramos im Hintergrund sagt uns die Direktorin des Zentrums, Vilma Fragoso. Weitere Veranstaltungen wie z.B. eine Gastronomie-Messe oder die Wahl zur schönsten Seniorin der Insel finden ebenfalls im Zentrum statt. Der Veranstaltungsplan ist im Internet einsehbar und so kann man sich vorab ausführlich über alle Veranstaltungen informieren.

## Die Morna – Poesie einer unstillbaren Sehnsucht

Unser neuer Freund Samuel ist uns ein Bruder im Geiste: Wie wir liebt er Bücher und Musik. Liebenswerterweise hat er für uns ein Treffen mit Serapião Oliveira, besser bekannt als *Nhô* Vão, arrangiert. *Nhô* Vão ist Musiker mit Leib und Seele und 92 Jahre alt. Voller Stolz will er uns die berühmte Morna vorspielen, die er selbst in jungen Jahren komponiert hat. In seiner Gegenwart empfinden wir die Gefühle, die für ihn damit verbunden sind, als intensiv und lebendig. Ganz so als säßen wir an seiner Seite, als das Lied zum ersten Mal durch ihn seinen Ausdruck fand. Die Morna trägt den Titel „Fusquinha", der leitet sich vom Adjektiv „fusco" ab, das in diesem Zusammenhang für „mulattisch" steht. Gemeint ist damit wohl eine gemischtrassige junge Frau. Denn er basiert auf dem portugiesischen Wort „mulato" – „Maultier" –, einer Kreuzung zwischen einer Pferdestute und einem Eselhengst. Doch zurück zum Lied: Es entstand aus einem traurigen Erleben heraus. „Ich war in ein Mädchen verliebt, von dem ich dachte, dass sie genauso fühlt", erzählt uns *Nhô* Vão. „Eines Tages fand ich heraus, dass sie ein Verhältnis mit einem anderen Mann hatte. Das war 1940 und ich gerade mal 16 Jahre alt. Natürlich war ich völlig fertig und aus dieser Situation heraus komponierte ich in nur wenigen Minuten diese Morna." Das wunderschöne Lied, geschrieben von einem Mann, der selbst nie Musik studiert hat, inspirierte zu einer musikalischen Antwort. Es ist nicht unüblich, dass eine Morna von einem anderen Musiker mit einer Morna beantwortet wird, in einer Art musikalischen Dialogs. Djidjungue, ein bekannter Komponist aus Boa Vista, war offenbar so gerührt von Fusquinha, dass er ein Gegenstück schrieb, in dem er das Mädchen verteidigt.

Auf den Kapverden gibt es zahlreiche bekannte Musiker, die wie *Nhô* Vão nie Musik studiert haben, aber dennoch die schönsten Mornas des ganzen Landes schreiben und

### Die Wiege der Morna

Morna ist eine kapverdische Liedform im Tongeschlecht Moll mit einem langsam pulsierenden Rhythmus. Manche Erklärungen leiten den Begriff „Morna" der traurigen Texte wegen vom englischen Wort „mourn" – trauern – ab. Es heißt, die Morna ließe die Gitarren weinen. Sie wird typischerweise von der Gitarre begleitet, oder auch zusätzlich von Geige und Akkordeon. Ihre Themen drehen sich um Liebe, Heimat und „Sodade", die Sehnsucht und Melancholie, die all jene empfinden, die eine Erfahrung von Trennung gemacht haben, sei es durch Migration oder Tod. Auch wenn keine handfesten Beweise vorliegen, gilt Boa Vista als die Wiege der Morna.



Porträt von Nhô Vão, Komponist der bekannten Morna Fusquinha ›

darbieten. Das trifft auch auf Káká Boavista – Pancrácio da Cruz Tomar – zu, ein weiterer Kapverdier mit Musik im Blut, ohne jemals eine einzige Note gelernt zu haben. Káká hat unlängst eine CD mit Liedern aufgenommen, die er selbst getextet und komponiert hat. Seine bekannteste Morna „Mana de Lourenço" ist in erster Linie als Hommage an seine Mutter gedacht und ganz generell ein Loblied auf alle Frauen der Kapverden, die auf couragierte Weise ihr Alltagsleben meistern. Ein Großteil der Frauen wird von ihren Männern sitzen gelassen und muss ohne jede Unterstützung die gemeinsamen Kinder großziehen. Die Väter weigern sich oft sogar, ihre Sprösslinge als die ihren anzuerkennen. Mit dieser Morna richtet Káká einen eindringlichen Appell an alle Kapverdier, sich um ihre Mütter zu kümmern, die ihr Leben unter vielen Opfern ihren Kindern gewidmet haben. Insbesondere Söhne sollten ihre Mütter nicht vergessen, wenn diese ein Alter erreichen, indem sie sich nicht mehr selbst versorgen können. „Söhne können so undankbar sein", klagt er. „Doch sie haben eine lebenslange Pflicht ihren Müttern gegenüber." Mit bewegter Stimme bringt er seine Gefühle in zwei Sätzen zum Ausdruck: „Als meine Mutter noch einen Mund hatte, hatte ich keinen Reis für sie. Jetzt, wo ich Reis habe, hat meine Mutter keinen Mund mehr, um ihn zu essen. Ich bin ein sentimentaler Kerl und kann meine Gefühle am besten durch die Morna ausdrücken."

Káká hatte als Jugendlicher das Privileg, ein Auslandsstipendium zu erhalten. Er ging in Kuba und Russland zu Schule. Vor allem auf Kuba vermisste er seine Mutter schmerzlich. Wie andere kapverdische Schüler im Ausland wartete er stets voller Ungeduld und Sehnsucht auf die Briefe von zu Hause. Zu jener Zeit begann er mit seiner Muttersprache zu spielen und Worte in Mornas zu fassen. All diese Worte waren in Wahrheit an seine Mutter in der Heimat gerichtet.

Als Inselbesucher kann man sehr bald die tiefe Verbindung der Einheimischen zu ihrer Musik wahrnehmen. Nachts ist von überall her Musik zu hören, leise Gitarren aus einem kleinen Restaurant oder Trommeln in den Straßen. Vor allem im Sommer gibt es zahlreiche Festivals, auf denen die Rhythmen und Melodien der Insel ihren Ausdruck finden.

‹ In den Bars und Straßen von Sal Rei spielt die Musik, so auch während dem Karneval

# Die paradiesischen Strände von Boa Vista

**Die einzigen Wege zu den schönsten Traumstränden von Boa Vista führen über Wüstenpisten aus Sand, Schotter und Stein.**

Die traumhaft weißen Sandstrände von Boa Vista liegen abseits aller ausgetretenen Touristenpfade und sind in der Regel nur mit einem Geländewagen gut erreichbar. Der Preis, den es für diesen wilden Ritt durch die Pampa zu entrichten gilt, sind mit großer Wahrscheinlichkeit Rückenschmerzen von der holprigen Fahrt, die hier scherzhaft „afrikanische Massage" genannt wird. Andererseits wird man schon auf dem Weg zu den Stränden mit atemberaubenden Aussichten auf unberührte Wüstenlandschaften entschädigt. Da es keinerlei

‹ Die Dünen von Morro de Areia kurz vor Sonnenuntergang

befestigte Straßen gibt, ist der Verlauf der vorhandenen Pisten oft nur zu erahnen. Ein Grund, weshalb es nur wenige Menschen in diese karge - und dennoch faszinierende - Landschaft verschlägt. Später am Strand werden wir für unseren Höllenritt - unter anderem - mit dem Beobachten des artenreichen Tierlebens an der Küste belohnt. Sie wird von einer großen Anzahl scheuer Krabben, seltener Meeresschildkröten und Sturmschwalben bevölkert.

Wir wollen jedoch nicht vorgreifen, bevor wir uns dann später an diese abgeschiedenen Strände herantrauen, machen wir uns auf, um die belebteren Sandstrände in der Nähe von Sal Rei zu erkunden. Die Praia do Estoril, lässt sich von der Stadt aus bequem zu Fuß erreichen. Dieser Strand bietet zahlreiche Wassersportangebote: Kitesurfen, Windsurfen und weitere Surf-Varianten, die uns bis dato nicht bekannt waren. Die Voraussetzungen für Wassersport sind geradezu ideal, begünstigt durch Lage und Form der langgezogenen Bucht, die von der vorgelagerten Insel Sal Rei vor starken Strömungen geschützt wird. Die Ruinen der Festung Duque de Bragança auf der kleinen Insel erinnern an vergangene Zeiten und verleihen der landschaftlichen Idylle einen historischen Tupfer.

Die Praia do Estoril und die Praia de Diante sind beliebte Tummelplätze der Kinder, die nach der Schule auf dem schnellsten Weg zum Strand rennen. Schultaschen werden sorglos in den Sand geworfen, die Badetücher - so man sie hat - am Strand ausgebreitet und dann geht es ab ins Meer. Beim Schwimmen verlieren Mathematik, Erdkunde und der gesamte Schulbetrieb jegliche Bedeutung, denn jetzt zählt nur der Spaß am Leben. Wenn sie später dann vom Wasser zurück an den Strand kommen, beginnt ein neues Spiel: die Suche nach Kleidung und Schultaschen. Verständlicherweise geschieht das mit weniger Enthusiasmus, weil sich die Lust nach Hause zu gehen in Grenzen hält, wo dann die unerledigten Hausaufgaben warten.

Zum Sonnenuntergang treffen sich die Jugendlichen und jungen Erwachsenen an der hölzernen Pier der Praia de Diante. Sie vertreiben sich die Zeit mit Fußballspielen, springen vom Pier ins Meer oder chillen nach dem Motto „kein Stress bitte". Die Straße ist voller Musik, die von überall her aus Kofferradios und Lautsprechern wummert und an kleinen selbstgebauten Ständen werden Spieße mit gegrilltem Fleisch verkauft. Ein paar Jugendliche messen sich lauthals mit improvisierten Reden und sind dabei bemüht, die Musik zu übertönen. Eine andere Gruppe versucht, die

Kinder spielen am Strand Praia de Diante, Sal Rei ›

Aufmerksamkeit auf sich zu ziehen: mutige Burschen, die sich mit akrobatischen Sprüngen ins Wasser hervortun. Wir genehmigen uns ein Bier an der Bar der inzwischen rappelvollen Mole. Einheimische und Touristen vermischen sich und suchen nach den besten Plätzen, um keinesfalls die Show des Tages zu verpassen. Die durchtrainierten Burschen komplettieren ihren spektakulären Auftritt, indem sie ihre engen T-Shirts nach jedem Sprung genüsslich abstreifen, um das Wasser auszuwringen. Muskeln treten hervor unter feuchtglänzender Haut.

**„ ... mutige Burschen springen akrobatisch ins Wasser “**

Weiter nördlich von Sal Rei, noch immer gut zu Fuß erreichbar, liegt einer der schönsten Strände der Insel, ein wahres Kleinod. Auf dem Weg dorthin machen wir kurz auf einer Düne halt, um tief die herrlich reine Luft zu atmen. Sie hat den Geruch von warmer Erde und auch die salzige Frische einer Meeresbrise. Wir erreichen die Praia de David, die sich unvermittelt zwischen zwei felsigen Abhängen auftut - ein unberührter kleiner Strand mit angenehm feinem, weichem Sand. Wir steigen auf der schlichten Treppe, die vor Zeiten hier aus dem Felsen gehauen wurde, hinab in unsere kleine Oase. Der Ort wirkt durch seine Intimität und Ruhe auf uns wie ein von der Natur gestalteter Tempel. Dieser Eindruck wird durch das sanfte Anbranden der Wellen eher noch verstärkt.

Eine Morna aus alten Zeiten besingt, wie einst David Ben'Oliel den Strand in Besitz nahm, der seinerzeit Praia de Carlota genannt wurde. Auf einem Hügel der vorgelagerten Landzunge hält die Kapelle Nossa Senhora de Fátima Wacht über den verträumten Strand. Obschon David Ben'Oliel und seine Angehörigen Juden waren, finanzierte er den Bau des kleinen katholischen Gotteshauses, den die Bevölkerung erbaute. Das bezeugen nicht zuletzt die versteckten Motive und Symbole an den Wänden der Kapelle, so z.B. die stilisierten Granatäpfel. Diese Bildmotive dienen keineswegs nur zur Dekoration, sondern gehören der typischen Symbolik der sephardischen Juden an. Bedauernswerter Weise wurden bei einer Renovierung große Teile dieser historischen Zeugnisse entfernt.

Es gibt zahlreiche, sich stark unterscheidende Strände auf der Insel, einige mit grobem Sand, an denen das Meer tief, sanft und klar ist, andere mit starkem Wellengang, manche ruhig wie ein Binnensee und wieder andere geradezu unermesslich in ihrer wüstenhaften Ausdehnung. Die Praia de David ist einzigartig in ihrer nahezu unberührten Beschaulichkeit.

Auf der rückwärtigen Seite der Kapelle Nossa Senhora de Fátima verläuft ein bequem zu begehender Pfad, der zur Cabo Santa Maria führt, Boa Vistas berühmtestem, vielfach fotografierten Schiffswrack. Jenseits

‹ Offroad-Biken in Cabo Santa Maria; Schwimmen in Praia de Diante; Strandszene in Praia do Estoril; kunstvoller Sprung vom hölzernen Pier

 ^ Aussichtsplattform am Marine Club mit der Kapelle Nossa Senhora de Fátima im Hintergrund

der Praia David verlässt der Weg die Küste und führt über einen Bergkamm, den eine Windenergieanlage krönt, zur nördlichen Seite des Dorfes. Man kann Cabo Santa Maria auch mit dem Auto erreichen, auf der Friedhofstraße, die sich dann in einen gut befahrbaren Weg verwandelt.

Oben auf dem Kamm angekommen, erblicken wir das Schiffswrack und werden augenblicklich lautstark von einem Trupp schreiender Esel begrüßt. Sie beäugen uns zunächst neugierig und folgen uns dann, sozusagen als Geleitschutz, den ganzen Weg bergab zum Strand, als ob sie sicher sein wollten, dass wir uns auf dem schlecht markierten Pfad nicht verlaufen. Man kann jedoch nicht so leicht vom Weg abkommen, weil man sich auf dieser Insel stets wunderbar am Meer orientieren kann, das mehr oder weniger immer in Sichtweite ist.

Von der Anhöhe aus schien das Wrack nur eine kurze Distanz entfernt von uns am Strand zu liegen. Doch dieser Eindruck hat uns getäuscht, denn der Strand erstreckt sich beinahe endlos in die Länge und wir brauchen eine weitere Stunde, bis wir bei dem rostigen Stahlkoloss ankommen. Ungezählte Wellen und salzhaltige Winde nagen seit vielen Jahren am Gerippe des schutzlos ausgelieferten Geisterschiffs und haben den Rumpf der Santa Maria in zwei Teile zerlegt. Mit der Zeit werden Meer, Wind und Rost nicht nur die Erinnerungen an dieses spanische Schiff auslöschen, das hier im Jahr 1968 an der Nordküste von Boa Vista auf Grund lief, sondern auch all seine Bestandteile auflösen und mit sich nehmen.

In den Gewässern der Kapverden liegen zahllose gesunkene Schiffe. Allein im Umkreis von Boa Vista hat man mehr als 100 Wracks ausgemacht. Für die Schiffshavarien



^ Das Wrack der Cabo Santa Maria, auf Grund gelaufen im Jahr 1968

sind mehrere Ursachen vorhanden: flache Riffe, starke Gezeiten, Magnetfelder ... und nicht zuletzt eine notleidende Bevölkerung. Auch wenn es sich abenteuerlich anhört, so wird doch immer wieder darauf hingewiesen, dass die Einheimischen in Notzeiten für jeden Schiffbruch dankbar waren. Vorüberziehende Schiffe mit ihren mit Nahrungsmitteln vollgepackten Laderäumen befeuerten die Fantasien der Insulaner und weckten in hungrigen Zeiten Begehrlichkeiten. Der Verdacht und das Gerücht, dass man Schiffe gezielt mit Irrlichtern in ihren Untergang gelockt habe, um an die überlebenswichtige Fracht zu gelangen, hält sich hartnäckig.

An diesem mit einer ominösen Vergangenheit befrachteten Strand im Norden der Insel wird in der Jetztzeit massenweise Wohlstandsmüll von der Meeresströmung angespült: Plastikkanister und Plastik in allen denkbaren Formen, Zahnbürsten, Glasflaschen, Bojen und Taue. Vielleicht doch ein Hinweis dafür, dass die Meeresströmungen bei stürmischer See auch die Schifffahrt aus ihrer geplanten Bahn werfen konnte. Wir suchen in all dem Wust am Strand nach einer geheimen Botschaft in Form einer Flaschenpost. Man kann ja nie wissen ... Minuten später glauben wir uns am Ziel, als wir etwas Dunkles im goldenen Sand ausmachen. Doch dann bewegt es sich und hat Arme und Beine – oder, besser gesagt, Gliedmaßen.

Es ist eine Baby-Schildkröte, die dummerweise auf ihrem Rücken gelandet ist und nun verzweifelt strampelt, um wieder festen Boden unter die Füße zu kommen. Wir drehen sie um und zeigen ihr den Weg zum Meer, im Vertrauen, dass die natürlichen Instinkte den Rest erledigen und die kleine Schildkröte irgendwann erwachsen an diesen Strand zurückführen werden, um sich fortzupflanzen. Dieser Strand ist einer von vielen auf Boa Vista, den die Meeresschildkröten zur Eiablage aufsuchen. Gleich

Schutzmauer entlang der Praia da Boa Esperança; sie hat zur ^
Bildung der Viana-Wüste beigetragen

an mehreren Stellen nehmen wir untrügliche Anzeichen der Anwesenheit der Tiere wahr und vermeiden rücksichtsvoll, sie zu stören.

Mit einer steifen Brise im Rücken bemerken wir erst spät die Biker, die sich uns von hinten auf ihrem Weg zum Wrack der Santa Maria nähern. Sie sind auf E-Bikes unterwegs, die man in Sal Rei mieten kann. Mit ihren speziellen Reifen lässt es sich fast lautlos und kräftesparend durch den Sand entlang der Küste radeln. Seit einiger Zeit sind auch Quads sehr beliebt, doch der Lärm, den sie veranstalten, ist nicht jedermanns Sache. Um massive Störungen für Strandbesucher und Tierwelt garnicht erst aufkommen zu lassen, sind einige Strandabschnitte für den Motorverkehr gesperrt worden. Aus Respekt für Umwelt und Mitmenschen empfiehlt es sich, auf die gut sichtbaren Zeichen und Hinweise zu achten, die dazu mahnen, Schildkröten und Strandbesucher vor Lärmbelästigung zu schützen. An Baden ist bei dem starken Wellengang heute nicht zu denken. Und so suchen wir nach diesem leicht Vom-Winde-Verwehten



^ An der Praia de Chaves bietet die Restaurant-Bar Pérola d'Chaves eine entspannte Atmosphäre

Ausflug für eine Weile hinter einer Düne Schutz vor der anhaltenden Brise, bevor wir uns auf den Rückweg nach Sal Rei machen.

## Von Chaves nach Morro de Areia

Ein weiterer Tag mit spannenden Erkundungen liegt vor uns. Von Sal Rei aus wandern wir die Küste entlang zur Praia de Chaves, vorbei an der Praia de Diante und der Praia do Estoril. An diesem schier endlos scheinenden Strand stoßen wir auf die ehemalige Keramikfabrik, ein ruinenhaftes Gebäude, das in großen Teilen unter dem Sand der Dünen begraben liegt. Der Fabrikschornstein ragt wie ein mahnender Finger aus dem Sandmeer und beschwört vergangene Zeiten. Heute reduziert sich seine Daseinsberechtigung darauf, als kuriose Kulisse für die schicke Restaurant-Bar Pérola d'Chaves strammzustehen. Die exponierte Lage des Restaurants und der prachtvolle

Strand ziehen zahlreiche Gäste aus der Stadt an und bieten Strandläufern auf ihrer Wandertour von oder zur Praia de Santa Mónica, eine wohlverdiente Verschnaufpause. Mit seinen wehenden Vorhängen wirkt das Gasthaus wie eine kleine, ganz in Weiß gekleidete Oase oder wie ein märchenhaftes Lager in der arabischen Wüste. Wir fühlen uns ohnehin wie Lawrence von Arabien, nach den unzähligen Kilometern, die wir durch den Sand gepilgert sind. Die türkisblauen Farben und das Weiß der Dekoration beleben unsere Sinne und kühle Cocktails und leckere kapverdische Snacks tun das Ihrige dazu. Handzettel, die am Strand ein romantisches Sunset-Dinner am Lagerfeuer versprechen, lassen uns unser eigentliches Ziel, Morro de Areia, beinahe vergessen. Zu verlockend ist die Aussicht, hier bequem auf Holzliegen faulenzend den Sonnenuntergang zu erwarten.

Ruhe und Bewegung bestimmen den Rhythmus des Lebens! Von unserer Liege aus machen wir Aktivitäten auf der Sanddüne gegenüber aus: Sandsurfer! Vielleicht



^ Sandsurfen an der Praia de Chaves

wurde diese Sportart von jemandem erfunden, der wie wir von seiner Liege aus Wanderer die hohe Düne hinaufsteigen sah und sich vorstellte, wie viel einfacher und spaßiger es sein müsste, die Düne einfach auf einem Surfbrett hinab zu gleiten, statt sie mühsam hinabzusteigen. Ob Sandsurfen hier erfunden wurde, ist nicht bekannt. Wie auch immer, mittlerweile ist es fester Bestandteil der Freizeitaktivitäten auf Boa Vista.

Selbstverständlich wollen wir diesen Freizeitspaß gleich ausprobieren, zumal sich „Surfen auf Sand" einfacher anhört als Surfen im Meer, bei dem man ständig ums Gleichgewicht und gegen Wellen und Wind ankämpfen muss. Sandsurfen macht uns tatsächlich immensen Spaß, solange es nicht zu heiß ist und es zu anstrengend wird, die Düne hinaufzuklettern. Nach einer schweißtreibenden Stunde beginnen wir allerdings die Frische des Meeres zu vermissen, in das man sich beim klassischen Surfen einfach hineinfallen lässt. Stattdessen laben wir uns im nahegelegenen „arabischen

Wüstenlager" an einem *Strela*, dem kapverdischen Bier. Das ersetzt zwar nicht den Sprung in das kühlende Nass, kühlt aber unsere überhitzten Körper von innen heraus auf eine erträglichere Temperatur hinab.

## Verborgene Goldschätze in den Dünen

Unsere Wanderung führt uns weiter nach Süden, immer den Strand entlang. Auf dem langen Fußmarsch begegnen wir einigen wenigen Wanderern, die in entgegengesetzter Richtung unterwegs sind. Wir nähern uns den großen Hotels, in deren Dunstkreis der Strand belebter ist. Hier findet jeder Hotelgast, was seiner Vorstellung von idealem Urlaub entspricht: Seien es Cocktails am Hotelpool, sei es ein Bad im Meer oder Sport und Fitnessübungen am Strand, Planschen im Pool, Jogging, Surfen, Kitesurfen, oder von alldem etwas. Andere beobachten wir beim Angeln. Sie starren erwartungsfroh aufs Wasser, als ob sie die Fische unter Hypnose setzen und zum Anbeißen verführen wollten. Wieder andere sitzen im Sand, träumen vor sich hin und sprechen vielleicht in Gedanken mit dem Meer wie mit einem alten Freund, der stets ein offenes Ohr für alle Sorgen und Nöte hat.

Wir verweilen hier nicht länger und wandern weiter in Richtung der gewaltigen Dünen mit dem Namen Morro de Areia. Der Anstieg im nachgebenden Sand treibt uns reichlich Schweiß aus den Poren. Auf dem Dünenkamm angekommen, machen



^ Angler versuchen ihr Glück mit der Morro de Areia im Hintergrund wir es uns bequem und warten auf den Sonnenuntergang. Der Strand, die Düne, das gesamte Ambiente wollen mit allen Sinnen erfahren werden: Wir spüren den warmen Sand unter uns, erschnuppern den Geruch von Salpeter im sanften Wind und spüren das Salz in der Luft, das sich wie ein dünner Film auf unsere Haut legt und mit leichter Spannung zu kristallisieren beginnt. Von dieser Erhebung aus wollen wir den Sonnenuntergang erleben, ein Schauspiel, für das wir weder Plätze reservieren noch Eintritt zahlen müssen. Der kleine Preis, den wir für unseren Logenplatz entrichten, besteht in beschleunigtem Herzschlag und einem schweißtreibenden Aufstieg in der noch immer heißen Abendsonne. Wir sind mehr oder weniger allein hier oben, mit Ausnahme von ein, zwei anderen Pärchen, die es wie uns hierher zog.

In dem bildgewaltigen Panorama vor unseren Augen beginnen sich alle Farben im Dunst zu mischen, der zusammen mit der frischen Brise vom Meer heraufzieht und die Dünen in seinem sanften Licht wie einen unermesslichen Goldschatz erscheinen lässt. Genau das ist es, wonach wir modernen Piraten suchen! Den Höhepunkt des Spektakels bietet der Augenblick, an dem die Sonne ins Meer taucht und die Welt um uns herum in intensiven Farben erstrahlen lässt. Tief beglückt von dem Naturschauspiel nehmen wir uns vor, an einem anderen Tag zurückzukehren. Die Nacht senkt sich jetzt in Windeseile herab und es ist an der Zeit, sich auf den Rückweg nach Sal Rei zu

Panoramablick über die Dünen der Praia de Chaves mit dem Schornstein ^
der alten Keramikfabrik rechts und einem großen Hotelkomplex links

 ^ Sonnenuntergang auf den goldenen Dünen der Morro de Areia

machen. Der volle Mond ist aus der Dämmerung hervorgetreten, sein milchiges Licht reflektiert silbern auf den Wellen des Ozeans und weist uns den Weg über den leeren Strand. Mir kommt in den Sinn, dass es sich in einer mondlosen, finsteren Nacht unbedingt empfiehlt, ein Taxi zu nehmen, um sicheren Wegs nachhause zu kommen.

## Varandinha, Curralinho und Ervatão

Nach dem Motto „das Beste kommt zum Schluss", haben wir die schönsten Strände von Boa Vista bis zum Finale aufgehoben. Varandinha, Curralinho - offiziell Santa Mónica - und Ervatão sind die Sahnestücke, unvergleichlich schöne und einsame Strände, die ihrer Natur gemäß die bevorzugten Rückzugsorte für Krustentiere und Liebespaare sind. Ich habe mich gleich unsterblich in Varandinha verliebt. Er ist Teil

 ^ Blick aus einer der natürlichen Höhlen an der Praia da Varandinha

des Naturreservats Morro de Areia und einer jener Küstenabschnitte, an denen das Meer natürliche Höhlen in die Felsen gespült hat. Die größte dieser Höhlen trägt den Namen Bracona.

Zahlreiche Boa Vista-Besucher schätzen die Insel wegen der Ruhe und Abgeschiedenheit ihrer herrlichen Strände. Mittlerweile ist die Insel aber auch für Freizeitsportler interessant geworden, da sie bei idealen Windverhältnissen und angenehmen Temperaturen ihren Sport auf höchstem Niveau betreiben können. Hier findet ein jeder Gelegenheit, seine Vorlieben auszuleben, sei es in sportlichen Aktivitäten oder in Entspannung und Ruhe. Im Küstenverlauf der Insel reiht sich Strand an Strand und so entsteht der Eindruck, einen einzigen endlosen Strand vorzufinden, der die gesamte Insel umsäumt. Bei diesem Strandangebot findet man schnell heraus, welcher Ort am besten den persönlichen Vorlieben entspricht. Sei es zum Windsurfen-Lernen oder

^ Der lange einsame Strand von Santa Mónica (Praia do Curralinho)

zum Profi-Kitesurfen, sei es um köstliche Cocktails im Schatten von Palmen zu schlürfen oder um frisch gefangenen Fisch direkt vom Fischerboot zu kaufen. Oder sei es, um den spektakulärsten Sonnenuntergang weltweit zu erleben. Kein Strandliebhaber der hier nicht auf seine Kosten käme!

Schon am nächsten Strand jedoch habe ich Treulose meine alte Liebe Varandinha vergessen. Mein Herz beginnt nun heftig für Ervatão zu schlagen, einen Küstenabschnitt, der von Juni bis August von Meeresschildkröten zur Eiablage aufgesucht wird. Fast möchte man meinen, dass auch sie diesen Strand über alles lieben. Ervatão ist als Naturschutzgebiet ausgewiesen und für Touristen nur mit Einschränkung zugänglich.

Wer ihn besuchen will, sollte eine Besichtigung bei einer der Organisationen buchen, die für den Schildkrötenschutz zuständig sind. Allein schon, um das Spektakel der Eiablage der Meeresschildkröten zu beobachten, lohnt sich für den Naturfreund eine Reise auf die Kapverden.

^ Sonnenschirme aus Stroh an der Praia de Chaves



Sonnenuntergang an der Praia de Chaves ›

# Natur- und Artenschutz auf Boa Vista

**Besucher aus aller Welt kommen nach Boa Vista, um die Meeresschildkröten zu beobachten.**

Da diese Art von Naturtourismus stark ansteigt, stellen mehrere NGOs sicher, dass dies auf verantwortliche Weise geschieht. Bios.cv ist eine dieser NGOs - Nichtregierungsorganisationen -, die mit viel Einsatz und beschränkten Mitteln Großes bewirken. Sie hat sich zur Aufgabe gemacht, die Tierwelt zu schützen. Alle Arten, die dauerhaft auf der Insel leben, oder sie auf ihren Wanderrouten besuchen oder die Strände der Insel zu Nestbau und Eiablage aufsuchen. Die Kapverden gelten als weltweit drittgrößte Brutstätte der Unechten Karettschildkröte (*Caretta caretta*). Allein auf Boa Vista beziffert sich die Zahl

‹ Kleine Meeresschildkröte an der Praia da Boa Esperança

ihrer Gelege pro Jahr auf 12.000 bis 14.000. In Ausnahmefällen, wie beispielsweise im Jahr 2012, wurden mehr als 20.000 Nester gezählt. Bios.cv engagiert sich mit großem Einsatz für den Erhalt dieser Spezies und klärt Einheimische und Touristen über die Notwendigkeit des Schutzes der Schildkröten und ihres Lebensraums auf. Die Tiere sind vor allem durch illegale Nachstellung bedroht, bei der meist eierlegende Weibchen getötet werden, aber auch Eierdiebe und zunehmenden Strandtourismus richten Schaden an. Neben der Unechten Karettschildkröte kümmert sich die Organisation um weitere schützenswerte Tiere wie seltene Vögel, Delfine und Wale.

Die Mitarbeiter von Bios.cv haben ihren Arbeitsbereich direkt vor Ort – am Strand also. Auf einem Abschnitt von 5 km Länge überwachen sie die Aktivitäten der Tiere, retten desorientierte Jungtiere und schützen die Brutstätten vor Wilderern. Der Erfahrungsschatz und das Wissen über die Artenvielfalt der Insel ist bei allen Mitarbeitern profund und einzigartig. Pedro Lopez, der Leiter von Bios.cv, erklärt uns: „Auf den



^ Den kleinen Schildkröten lauern viele Gefahren auf dem Weg zum Meer

Kapverden stellen die illegale Jagd und die touristische Entwicklung der Küstenstreifen die größte Bedrohung für die einheimischen Meeresschildkröten dar."

## Schildkröten aktiv schützen

Fünf der sieben existierenden Meeresschildkrötenarten sind in den kapverdischen Gewässern anzutreffen: zwei vom Aussterben bedrohte Arten, die Lederschildkröte (*Dermochelys coriacea*) und die Karettschildkröte (*Eretmochelys imbricata*), zwei bedrohte Arten, die Unechte Karettschildkröte (*Caretta caretta*) und die Grüne Schildkröte (*Chelonia mydas*), und eine gefährdete Art, die Olive Ridley (*Lepidochelys olivácea*). Selbstverständlich haben auch wir ein gesteigertes Interesse daran, unseren Aufenthalt auf der Insel zu nutzen, um die bedrohten Meerestiere zu beobachten. Dabei gilt: Achtsamer Umgang mit der Natur hat Priorität beim Artenschutz! Bios.cv

Erwachsene Karettschildkröte (*Caretta caretta*) unterwegs zurück ins Meer ^

stellt nicht nur hilfreiche Informationen zur Verfügung, sondern vermittelt auch autorisierte Führer, die Touren zu den Schildkröten leiten. Wer auf eigene Faust unterwegs ist, muss sich unbedingt an den deutlich sichtbaren Hinweisschildern orientieren und sich mit größtmöglicher Achtsamkeit im Terrain bewegen. Bei einem Besuch der Brutstätten sollte man in der oberen Zone des Strandes weder Sonnenschirme in den Boden stecken noch Sandburgen bauen. Die Risiken, dass Brutstätten zerstört und Jungtiere getötet werden könnten, ist groß. Wenn eine Stelle als Nest markiert ist, sollte man einen Mindestabstand von 2 Metern einhalten. Motorisierte Fahrzeuge und lärmende Badegäste sind an einem solchen Strand ein absolutes „no Go". Da Umweltbewusstsein allumfassend ist, hinterlassen wir auch hier keinerlei Abfall. Verzicht auf künstliches Licht in der Nacht ist an diesen geschützten Stränden unabdingbar. Wer eine verirrte Schildkröte auffindet, sollte umgehend die Naturschützer informieren. Bei Buchung einer geführten Schildkröten-Tour ist darauf zu achten, dass der Führer von der Regierung der Kapverden dazu autorisiert ist.



^ Ein Buckelwal springt aus dem Wasser

## Wale beobachten

Die Bestände des Buckelwals waren bis in die 1960er Jahre hinein weltweit stark bedroht. Seit die kommerzielle Jagd 1966 verboten wurde, haben sich die Populationen halbwegs erholt, doch die Gefahr für diese Meeresriesen ist nach wie vor nicht gebannt. Die Kapverdischen Inseln sind eines der wichtigsten Fortpflanzungsgebiete im Nordatlantik. Bios.cv engagiert sich auch für den Walschutz. Im März und April findet der Höhepunkt der Paarungsspiele der Wale statt. Zu dieser Jahreszeit werden sie an der West- und Südwestküste von Boa Vista gesichtet. Forschern und Schutzorganisationen bietet sich dann die einmalige Chance, Daten zu sammeln, die Gewohnheiten der Tiere zu registrieren und den aktuellen Bestand zu erfassen. Immer wieder kommt es vor, dass Wale an den Küsten stranden. Als Ursachen dafür vermutet man die geografische Lage der Inseln und die Beschaffenheit der Küste mit Riffen und flachen Gewässern, aber eventuell auch geomagnetische Felder, die den Orientierungssinn der Tiere stören.

[oben] Die Schwanzflosse eines Wals kündigt einen tieferen Tauchgang an ^
[unten] Eine Buckelwal-Mutter schwimmt mit ihrem Kalb ^

Der günstigste Zeitraum, um auf Boa Vista Wale zu beobachten, sind die Monate von März bis Mai, wenn die Meeressäuger im Westen der Insel zwischen Ponta do Sol und Lacação ihre Kinderstuben haben. Dort säugen die Walkühe ihre Kälber – wenn man Glück hat in der Nähe des Strandes, so dass sie gut von Land aus zu beobachten sind. Wer an der Vorführung aus der ersten Reihe teilhaben möchte, kann eine spezielle Schiffstour buchen. Solche „Whale Watching Trips" dauern meist zwei bis drei Stunden und führen den Beobachter ganz nahe an das Geschehen heran, ohne die Tiere zu stören.

## Wilde Vogelwelt in bedrohtem Lebensraum

BirdLife International hat die Kapverden unlängst zur „Endemischen Vogelschutzregion" erklärt, und das nicht von ungefähr, denn es gibt 15 Vogelarten, die nur hier zu finden sind. Die jährliche Zählung der Vogelwelt findet zwischen den Monaten Dezember bis Mai statt. Die Vogelbeobachtung zieht mehr und mehr Hobby-Ornithologen an, aber auch gestandene Wissenschaftler kommen, um zu entdecken und zu forschen. Eine große Anzahl seltener, zum Teil vom Aussterben bedrohter Vogelarten können hier beobachtet werden. Auf unseren Inseltouren begegnen wir in großer Regelmäßigkeit Gruppen von Vogelfreunden, die mit Ferngläsern und Kameras unterwegs sind, damit sie die Tiere ins Blickfeld zoomen und von Nahem bestimmen und bewundern können. Mit professionellen Fotoausrüstungen, Stativen und entsprechend ausgelegten Objektiven gehen sie auf ihre unblutige Jagd. Das Fachsimpeln über die besten Schnappschüsse von Edwards Sturmtaucher (*Calonectris edwardsii*), Fregattensturmschwalbe (*Plelagodroma marina*), Kapverde-Sturmschwalbe



^ Fischadler auf einer künstlichen Nistplattform

(*Oceanodroma jabejabe*), Rotschnabel-Tropikvogel (*Phaethon aethereus*) oder Weißbauchtölpel (*Sula leucogaster*) nimmt dann kein Ende mehr.

Eine Begegnung mit all diesen seltenen Meeresvögeln in freier Natur lässt das Herz eines jeden Vogelfreunds schneller schlagen. Boa Vista hat noch ein weiteres Highlight für jeden ambitionierten Vogelkundler zu bieten: Die Insel beherbergt eines der wenigen Brutgebiete des vom Aussterben bedrohten Prachtfregattvogels (*Fregata magnificens*). Die seltene und imposante Fregattvogelart, deren Bestand auf nur noch zehn Individuen geschätzt wird, nistet vor allem auf den kleinen vorgelagerten Inseln Baluarte und Pássaros, die vor Curral Velho im Süden der Insel liegen. Das Hauptanliegen von Bios.cv ist es, die einheimische Vogelwelt vor menschlicher Verfolgung und Ignoranz zu schützen. Leider werden ihre angestammten Reviere vermehrt durch menschliche Eingriffe geschädigt oder gar zerstört. Die Zunahme des Tourismus und das damit einhergehende Anwachsen der Einwohnerzahl führen zur Einengung von Lebensräumen und damit zur Verringerung des Bestands vieler Vogelarten auf Boa Vista. Das kontinuierliche Bevölkerungswachstum begünstigt zudem die Ausbreitung von einheimischen und eingeschleppten Fressfeinden wie z.B.

Wüstenraben oder verwilderten Katzen, die jetzt günstigere Bedingungen vorfinden und sich stärker vermehren.

Männlicher Fregattvogel, der über Boa Vista fliegt ^

# Ein Mekka für Wassersportler

**Boa Vista ist eins der weltweit gefragtesten Urlaubsziele für Wassersportler. Egal ob Surfen, Windsurfen, Kitesurfen oder Skimboarden – ein wahres Wassersportparadies.**

Am Strand Praia do Estoril begeben wir uns auf die Spuren einer Legende des Wassersports, die des französischen Windsurfing-Pioniers François Guy. Er war es, der das außerordentliche Potenzial der kapverdischen Inseln für diesen Sport erkannte und blieb, um hier die Boa Vista Wind Club School aufzubauen. Seine Leidenschaft für Wind und Wellen brachten ihn im Vertrauen auf sein Können auf die verrückte Idee, als erster Windsurfer im Downwind von Sal nach Boa Vista zu surfen. Zum großen Bedauern der lokalen

‹ Windsurfer und Segel eines Kites an der Praia de Chaves

Surferszene starb François Guy allzu früh im Alter von nur 60 Jahren im Oktober des Jahres 2012, doch in Surfer-Kreisen werden seine Errungenschaften nach wie vor von allen passionierten Wassersportlern hochgehalten und gefeiert. Nicht zuletzt auch von jenen, denen er das Surfen beigebracht hat. Er wurde sogar „post mortem“ für sein Lebenswerk ausgezeichnet.

Heute wird seine Arbeit von António Galvão fortgeführt, der dieselbe Leidenschaft teilt. Mit mehr als 20 Jahren Erfahrung als Surfer verließ er die Küste der Algarve, um sich auf den Kapverden niederzulassen und hier seine Leidenschaft auszuleben. Als in seinen Kreisen hochgeschätzter Spitzensportler nimmt er noch immer an der PWA World Windsurfing Tour teil. Zur Zeit unseres Besuches bereitet er sich auf die anstehenden Wettkämpfe auf den Kanaren und in Neukaledonien vor. Und sollte er selbst mal nicht auf seinem Brett stehen, dann kümmert er sich hier am Strand um seine Kunden und Schüler.



^ Die Küstenlinie der Praia de Chaves ist einer der besten Plätze für Wind- und Kitesurfer

António ist auf Boa Vista geblieben, weil er die Praia do Estoril für einen der am besten geeigneten Strände zum Erlernen und anspruchsvollen Ausüben des Windsurfens hält: „Wir haben hier wirklich alle Arten von Wellen", betont er, „die diesen Strand zur ‚eierlegenden Wollmilchsau' machen und für alle Surfer geeignet sind. Für den erfahrenen Surfer bietet der Eingang der Bucht interessante Wellen, weit ab von den Felsen. Und weil die kleine Insel vor der Küste die Bucht vor starken Wellen schützt, ist sie auch ideal für Anfänger, mit Bedingungen fast wie bei einem Binnensee." Diese idealen Voraussetzungen werden durch den beständigen Wind und konstante, angenehme Luft- und Wassertemperaturen optimal ergänzt.

Das fühlt sich alles sehr gut an, finden wir. Es ist jetzt an der Zeit, es selbst auszuprobieren! Unsere erste Lektion beginnt auf festem Boden, ausgerüstet mit kleinen geschmeidigen Segeln und einem großen Board für Anfänger. Die kleinen Segel sind für Anfänger leichter zu handhaben und erlauben es so, sich ganz auf

die Technik zu konzentrieren. Auch die breiteren Bretter machen es uns leichter, das Gleichgewicht zu halten. Geduldig erklärt uns António alle möglichen Kniffe und Körperhaltungen. Wir begreifen bei unseren Übungen, dass Balancehalten ein wesentlicher Teil des Lernprozesses ist, der uns während der ersten Stunde vollauf in Anspruch nimmt.

Nachdem wir im Trockenkurs gelernt haben, welche Haltung wir auf dem Brett einnehmen und wo und wie wir unsere Hände platzieren müssen um den Segel am Wind zu bewegen, ist es an der Zeit für unsere Jungfernfahrt. Da die Temperaturen angenehm warm sind entscheiden wir uns gegen den eng sitzenden Neoprenanzug - ein Fehler, wie sich umgehend herausstellt, da wir fast mehr Zeit im Wasser als auf dem Brett verbringen.

**„... am Abend fallen wir wie gerädert in unsere Betten“**

In der ersten Stunde geht es vor allem darum, die Balance auf dem Surfbrett zu halten, zu beobachten, wie das Segel auf den Wind reagiert und wie man es - was uns öfters betrifft - aus dem Wasser zieht und erneut aufrichtet. Danach fühlen wir uns bereit für die ersten Surfversuche. Diese absolvieren wir alles andere als glanzvoll, wie wir später auf den Fotos der ersten zwei Stunden bestätigt sehen. Unsere Körperhaltung erinnert auf diesen Bildern eher an hüftsteife Senioren. Es liegt noch ein weiter Weg vor uns bis zum coolen Surfer, der elegant mit im Wind wehendem Haar vorm Strand durch die Wellen kreuzt und ganz nebenbei noch die malerischen Fassaden der Häuser von Sal Rei bewundert. Ein Wunschtraum vorerst - unsere eifrigen ersten Versuche sind durch die Bank weg ziemlich frustrierend. Es ist ermüdend, das Segel immer wieder aufs Neue aus dem Wasser zu pullen und seinen Körper nach jedem Absturz aus dem Wasser aufs Board zu stemmen. Welch peinliche Vorstellung für die Zuschauer am Strand! Zum Glück achten diese nicht auf unsere dilettantischen Stehversuche. Ihre Blicke folgen doch eher den Windsurfern, die ihren Sport bereits perfekt beherrschen.

Am Abend fallen wir wie gerädert in unsere Betten und schlafen vor lauter Erschöpfung die ganze Nacht tief durch. Am nächsten Morgen schleppen wir uns mit schweren Gliedern und heftigem Muskelkater auf eine neue Runde. Ernüchtert von den Erfahrungen des Vortags stellen wir den Sinn weiterer Versuche in Frage, und hadern mit der Aussicht auf weitere vergebliche Surfstunden. Aber, so leicht wollen wir dann doch nicht aufgeben und packen es erneut an. Und siehe da: nach einer Weile registrieren wir erste Erfolge! Wir verbringen jetzt weniger Zeit im als auf dem Wasser und auch das Segel folgt unseren durch Muskelkraft übertragenen Kommandos und reagiert weniger widerspenstig. Wir gleiten

‹ Windsurfen lernen an der Praia do Estoril mit Sal Rei im Hintergrund

kaum ruckelnd auf den Wellen dahin – so also geht Surfen! Da gönnen wir uns doch gleich mal einen kecken Blick auf das Küstenpanorama und die Stadt. Prompt verlieren wir das Gleichgewicht und landen kopfüber im Wasser. Trotzdem, es fängt an, richtig Spaß zu machen.

Windsurfen zu lernen verlange mehr Zeit als andere verwandte Wassersportarten, erklärt uns António, weil es technisch anspruchsvoll sei. Das tröstet uns und spornt uns an weiterzumachen. Schließlich finden wir hier optimale Bedingungen für einen raschen Fortschritt vor. Wir üben fleißig und schon nach einer Woche kommen wir ohne unsere Lehrer zurecht.

Tatsächlich, die Fortschritte sind tagtäglich zu beobachten. Unsere Haltung auf dem Surfbrett verbessert sich, wir haben die Segel endlich im Griff und können nach Belieben unsere Richtung ändern, ohne gleich ins Wasser zu fallen. Wir fühlen uns ein bisschen wie Könige der Welt, so wie Leonardo DiCaprio im Film „Titanic". Dennoch müssen wir bei aller Euphorie darauf achten, unsere Hände fest am Gabelbaum zu halten. Sonst könnten wir ganz schnell wieder zu den nassen Deppen aus der Anfangszeit unserer Surfversuche werden.

Zurück auf festem Boden sehen wir eine Horde Kinder in die Boa Vista Wind Club School rennen. Es sind Kinder aus dem Barraca Viertel, die jeden Tag nach der Schule und an den Wochenenden den Strand bevölkern. Sie lieben Surfen und kommen hierher weil António ihnen Surfbretter leiht. Allerdings nur unter der Bedingung, dass sie die Schule nicht vernachlässigen, und so gibt es das Surfmaterial auch nur an Wochenenden oder wenn Schulfrei ist. António verleiht gerne die Bretter an die



^ Kinder genießen die Zeit an der Praia de Diante nahe Sal Rei

künftigen Surfweltmeister. Die Kids fänden sonst bei all ihrem Talent keinerlei Möglichkeiten, diesen tollen Wassersport auszuüben. Man könnte fast meinen, sie seien mit Surfboards unter den Füßen auf die Welt gekommen: Sie sind reaktionsschnell, bewegungssicher, ernsthaft spielerisch bei der Sache und haben Riesenspaß dabei. Und das nicht nur beim Windsurfen, sondern bei allen Wassersportarten. Egal mit welchem Gerät, sie verblüffen immer wieder mit gewagten Tricks und gekonnten Manövern. Das finden wir aufs Neue bestätigt, als wir sie beim Skimboarding beobachten. Das Brett für diese Sportart ist dünn und hat keine Finne, so dass es auch in Strandnähe ungehindert übers Wasser gleiten kann. Der Skimboarder läuft mit dem Brett unterm Arm den Strand entlang und wirft es nahe der brechenden Welle, die er reiten will, ins Meer. Dann springt er auf sein Brett und der weitere Verlauf hängt alleine von den Fähigkeiten des Boarders ab. Im Gegensatz zum Surfen, das draußen im Meer stattfindet, ist das Skimboarden eine Strandsportart, die ausnahmslos im Brandungsbereich ausgeübt wird. Wie beim Skateboardfahren geht es hier um Sprungfinessen auf der landeinwärts anbrandendenWelle. Die Sprünge der Skimboarder sehen extravagant aus und es macht Spaß, den talentierten Burschen

bei ihrem Sport zuzuschauen. Diese Art des Wassersports kennt man schon seit 60 Jahren. Heutzutage gilt er als offiziell anerkannt und es finden vielerorts regelmäßig internationale Wettkämpfe statt.

Selbst für jene, die keinerlei Ambitionen verspüren auf ein Brett zu steigen, ist die Praia do Estoril ein wunderbarer Ort, um zu relaxen und das sportliche Treiben auf dem Meer und an der Küste zu beobachten.

Jungs stehen hier schon früh auf den Brettern. Es ist daher kaum verwunderlich, dass so viele Top-Wassersportler aus Kap Verde kommen ^

^ Skimboarden, ein Sport der seit ungefähr 60 Jahren existiert

Ziel des Sports sind möglichst spektakuläre Sprünge auf den Wellen ^

# Tollkühner Ritt auf den Wellen von Sal nach Boa Vista

An einem Samstagmorgen treffen wir an der Praia de Chaves eine kleine, erwartungsfrohe Menschenmenge, die gebannt auf den Horizont starrt. Man hält Ausschau nach den bunten Segeln der Kitesurfer, die heute Morgen die Nachbarinsel Sal auf ihren Brettern verlassen haben. Es heißt, sie sollten in Kürze hier eintreffen. Boa Vista und Sal trennen 50 Kilometer bewegte See mit unberechenbaren Strömungen und teilweise starkem Wellengang. Eine Gruppe von 13 mutigen Kitesurfern hat sich auf diese abenteuerliche und – bei allem Können seiner Protagonisten – riskante Überquerung des Ozeans zwischen den beiden Inseln gewagt. Der blanke Wahnsinn, könnte man als Zaungast meinen! Weit mehr Kitesurfer hatten sich für die Teilnahme an diesem wahrlich tollkühnen, wenn nicht gar lebensgefährlichen Ritt über die Wellen beworben. Doch die

^ [open] Olga, die einzige weibliche Teilnehmerin des Downwinds, bei ihrer Ankunft auf Boa Vista

^ [unten] Als alle Teilnehmer eintreffen, ist der Strand voll von bunten Kites

Veranstalter haben sich dafür entschieden, die Teilnehmerzahl auf 13 zu begrenzen. Nachdem die Glücklichen ausgewählt waren, ging es an die Planung dieser ersten Downwind-Gruppenüberquerung mit dem Kiteboard von Sal nach Boa Vista. Es gab bis dahin nur zwei Kitesurfer, denen dieses Meisterstück gelungen war, dem Kapverdier Mitu Monteiro, der 2015 eine wahnwitzige Tour um alle Inseln des Archipels wagte und erfolgreich gestaltete, sowie Jahre vorher dem bereits erwähnten François Guy.

Diesmal schreiben die Regeln vor, dass erst nach Ankunft an der Küste von Boa Vista bei Ponta do Sol der eigentliche Wettstreit beginnen soll, keinen Augenblick zuvor. Tatsächlich denkt während der Überfahrt auf hoher See niemand im Teilnehmerfeld daran, die Regeln zu ignorieren. Der Geist des Surfens verbietet solche Gedanken, wenn das Leben auf dem Spiel steht und die realistische Gefahr besteht, dass Haie nachlässigen Kitesurfern auflauern. Die Gruppe soll geschlossen auf Boa Vista ankommen, ohne Verluste und unbeschadet.

Ein anderer Teilnehmer bei der Ankunft auf Boa Vista ^

Wie geplant tauchen die 13 wagemutigen Kitesurfer gemeinsam vor der Küste auf und gleich darauf fällt von einem der Begleitboote aus der Startschuss für das Finalrennen. Jetzt ist der Zeitpunkt gekommen, jegliche Erschöpfung beiseite zu schieben und die letzten Kräfte zu mobilisieren, um in der Bucht als Erster die Nase vorne zu haben. Angespannt verfolgen die Zuschauer das hart umkämpfte Kopf-an-Kopf-Rennen. Mit rasanter Geschwindigkeit halten die Surfer direkt auf uns zu. Furcht und Zweifel scheinen nach diesem irren Trip von ihnen abgefallen zu sein und jeder will den Sieg bei diesem spannenden Wettkampf mit nach Hause nehmen. Jedoch, es kann nur einen geben ...

Die Veranstalter sind sehr zufrieden mit der Organisation und dem Ergebnis des spektakulären Events. Ulrich, Hauptveranstalter und Planer des Rennens, erklärt uns: „Ich wusste, dass die Winde gut stehen. Ich habe die Wellen und Strömungen gründlich studiert. Und je mehr ich mich damit befasste, umso mehr wollte ich diesen Downwind machen. Die Strecke ist lang, aber zu schaffen. Und als es dann an die Auswahl der Teilnehmer ging, war ich verblüfft von der großen Anzahl der Bewerbungen. Wir wollten dieses Jahr erst einmal klein anfangen, um zu schauen, wie es sich entwickelt. Die Küstenwache hat uns großartig unterstützt und zwei Rettungsboote zur Begleitung der Gruppe bereitgestellt. Nächstes Jahr organisieren wir dann ein größeres Rennen."

## Downwind: Dabei sein ist alles

Zur Freude der Einheimischen ist der Sieger ein *Cabrer*, ein Sohn der Insel: Romilson de Jesus, ein Kitesurfing-Lehrer, der - nomen est omen - vielleicht dank himmlischem Beistand den besten Wind auf den letzten Metern zum Ziel hatte. Romi ist schon lange in diesem Sport zuhause und hat sich nebenbei auch einen Namen als begnadeter Surfer und Windsurfer gemacht. Auf dem Board die Ziellinie zu überqueren ist für jeden der Teilnehmer ein ganz persönlicher Sieg. Olga, eine polnische Architektin, hat ihr Büro für das Wellenreiten auf Boa Vista gewechselt und ist die einzige Frau im Teilnehmerfeld. Zu Recht ist sie überaus stolz darauf, dass sie es ins Ziel geschafft hat: „Das war alles andere als ein Sonntagsspaziergang, mehr als drei Stunden Kitesurfen auf offener See! Ich bin sehr dankbar für die tolle Begleitung, die Leute, die die ganze Zeit auf uns aufgepasst haben. Ich kann immer noch den Druck der Gurte auf den Hüften spüren, ganz zu schweigen vom Muskelkater in den Armen und Beinen." Als wir sie fragen, ob sie noch einmal teilnehmen würde, antwortet sie: „Nicht gleich morgen, aber das war ganz bestimmt nicht mein letzter Downwind." Klaus, ein 58 Jahre alter Deutscher, ist der älteste im Teilnehmerfeld und hat schon einige Downwinds in Brasilien gemeistert. „Das hier ist allerdings nicht dasselbe", sagt er, „die Strecken dort verlaufen entlang der Küste und nie auf hoher See. Außerdem sieht man hier mehr Haifischflossen, was kaum zur Beruhigung beiträgt."

Das Publikum heißt die Teilnehmer der Downwind-Gruppenüberquerung von Sal nach Boa Vista willkommen ›

# Rabil und die Viana-Wüste

**Auf Boa Vista gibt es eine kleine Wüste. Am besten erkundet man sie von Rabil aus, wo der Geruch von gebranntem Ton in der Luft liegt und die Zeit stillzustehen scheint.**

Die Viana-Wüste, so erfahren wir aus unseren Recherchen, existiert in ihrer heutigen Ausprägung noch nicht sehr lange. Schon vor den 1980er Jahren war es hier sehr trocken, doch es gab damals nicht annähernd so viel Sand wie heute. Die Errichtung einer langen Steinmauer entlang der Küste von Boa Esperança, die ursprünglich dem Schutz der Stranddünen dienen sollte, verursachte unvorhersehbare Nebeneffekte wie z.B. die geheimnisvolle Wüste von Viana.

‹ Ansicht einer der gewaltigen Dünen in der Viana-Wüste bei Rabil

## Sand und Sonne in der Viana-Wüste

Wir haben schon oft zuvor von den magischen Lichtverhältnissen erzählen hören, die zu gewissen Tageszeiten in den Wüsten herrschen. Dabei denken wir nicht einmal an eine Fata Morgana, deren optische Effekte Geschehnisse vorspiegeln, die weit entfernt stattfinden. Um die Viana-Wüste unter optimalen Lichtverhältnissen zu besichtigen, besuchen wir sie gegen Ende des Tages. Eine gute Entscheidung, nicht nur des außergewöhnlichen Lichtes wegen zu dieser Tageszeit, sondern auch, weil es tagsüber unerträglich heiß gewesen wäre. Selbst zu dieser fortgeschrittenen Stunde herrschen hier noch hohe Temperaturen. Schon alleine deswegen ist es ratsam, die Viana-Wüste am frühen Morgen oder am späten Nachmittag zu erkunden. Kaum aus dem Auto ausgestiegen, ziehen wir gleich unsere Schuhe aus, um barfuß durch den noch sehr warmen Wüstensand zu wandern. Bei dieser Exkursion haben wir auf Mitnahme von Kompass, GPS und anderer Survival-Tools verzichtet, weil wir nicht allzu

^ Die Viana-Wüste ist nicht sehr groß und man findet stets Referenzpunkte, die einen zurückführen

tief in die Wüste eindringen wollen. Ohnehin dehnt sie sich nur ein paar Kilometer in ihrer Länge und Breite aus. Zu unserer Ausrüstung zählen ausreichend Trinkwasser, Sonnenbrille, Hut und Sonnencreme, die wir schon vor unserem Abmarsch reichlich aufgetragen haben. Kann also losgehen! Es sind keinerlei vorgezeichnete Pfade oder Wege erkennbar und die Spuren des Vortags sind über Nacht von den beständig blasenden Winden verweht worden. So vermitteln die mächtigen Dünen stets den Eindruck vollkommener Unberührtheit und als habe noch keine Kreatur seinen Fuß darauf gesetzt. Aber auch ohne sichtbare Pfade finden sich immer wieder Referenzpunkte für einen sicheren Rückmarsch: Der Busch zur Linken, ein paar dunkle vulkanische Steine zur Rechten ...

Je tiefer wir in die Wüste hineinwandern, umso stärker macht sich eine geheimnisvolle Präsenz bemerkbar. Wir können zunächst nicht ausmachen, was es ist, aber es wird stärker und vernehmbarer, es ist nicht unangenehm, eher ungewohnt. Wir halten

inne, um uns forschend umzusehen. Uns umgibt ein Meer aus Sand und wir können nach dem anstrengenden Marsch jeden unserer Atemzüge vernehmen, jeden Herzschlag hören. Das mitgebrachte Wasser verschafft uns etwas Abkühlung und rinnt wohltuend und mit vernehmbarem Glucksen durch unsere trockenen Kehlen. Und dann dämmert uns, was diese geheimnisvolle Präsenz bedeutet, die uns einhüllt: Es ist die Stille! Uns umfängt die Stille der Wüste – eine überwältigende Erfahrung. Gut, denke ich, dass die Regierung ein Verbot für motorisierte Fahrzeuge in dieser Wüste erlassen hat und damit jegliche störende Lärmbelästigung fernhält. Und dann, nach weniger als einer Stunde Fußmarsch schon, sind wir im Herzen der Wüste angelangt. Umgeben von weitläufigen Dünen und ohne Anzeichen von Zivilisation fühlen wir uns wie Eindringlinge in eine jungfräuliche Welt. Im Wissen, dass es hier keinerlei


^ Die goldgelben Dünen der Viana-Wüste

giftiges Getier gibt, weder Skorpione noch Schlangen, genießen wir entspannt diese einmaligen Augenblicke grandioser Stille!

Während wir bequem und entspannt auf dem Rücken im angenehm wärmenden Sand liegen, kommt uns in den Sinn, dass wir uns auf dieser kleinen Insel mitten im Atlantik und 450 Kilometer entfernt vom afrikanischen Festland befinden. Und dennoch ist es der gelb-weiße Sand der Sahara, den wir unter uns spüren, der seit ewigen Zeiten von den starken Passatwinden über das Meer hierher geweht wird. Manchmal braucht es solche Momente der Stille, um sich vor Augen zu führen, dass in dieser ehrfurchtgebietenden unendlichen Existenz alles mit allem kommuniziert und verbunden ist. Sand aus der Sahara ...

Der Weg zurück durch den Wüstensand erweist sich wie erwartet als unproblematisch. Ein Trupp Ziegen tut sich an der spärlichen Vegetation in den Dünen gütlich. Die genügsamen Tiere finden selbst hier ausreichend Futter. Ohne sich von uns stören zu lassen, knabbern sie Blatt für Blatt von den wenigen Pflanzenbüscheln. Wir nehmen Abschied von dieser beeindruckenden Sandwüste und nehmen uns vor, zurückzukehren, und sei es nur, um nochmals in diese einzigartige Stille einzutauchen ...

## Rabil: Ein Dorf am Rande der Wüste

Rabil war einst die Hauptstadt der Insel, heute wirkt der Ort auf uns wie ein kleines Dorf aus fernen Tagen. Die Straßen liegen leer und verlassen in der Hitze des Tages - nur hier und dort spielen ein paar alte Männer im Schatten von Akazien, *Ouril* (ein beliebtes Brettspiel in Kap Verde).

Als „Rabil" ist auch ein sehr seltener Vogel aus der Familie der Fregattvögel bekannt, der einst in großen Populationen auf der Insel brütete. Ein Großteil dieser gravitätischen Vögel starb an Pestiziden, die zur Eindämmung der Heuschreckenplage eingesetzt wurden, von der die Insel in den 1990er Jahren heimgesucht wurde. Als die Insektenschwärme von Afrika aus über das Meer geflogen kamen, verdunkelten ihre gefräßigen Legionen den Himmel. Eigentlich ist es unvorstellbar, dass sie den weiten Flug über den Atlantik schafften, zumal es für die Insekten nicht möglich ist,



^ Das Leben auf den Straßen von Rabil

die weite Strecke ohne Rast in der Luft zu bleiben. Man vermutet, dass sie auf den Kadavern anderer, geschwächter Heuschrecken, die auf den Wellen trieben, rasteten, und auf diese Weise die kapverdischen Inseln erreichten.

Boa Vista ist seit jeher bekannt für seine Töpferwaren, die hier in Rabil hergestellt werden. Später wollen wir uns die Manufaktur ansehen. Doch zunächst bewundern wir die Kirche Matriz de Sao Roque, deren Architektur uns an den maurischen Baustil erinnert. Das älteste Gotteshaus der Insel wurde 1802 erbaut. Gleich um die Ecke treffen wir auf eine gut gekleidete Gruppe von Leuten, die Bier trinken, tanzen und dabei die ganze Straße für sich einnehmen. Die Männer tragen Krawatte und Hut, die Damen Kleider und High-Heels, sehr elegant oder „bazof", wie man hier sagt. Eine Frau im langen weißen Brautkleid lässt unsere Vermutung zur Gewissheit werden. Eine Hochzeit. Auf den Kapverden reicht es aus, die Haustür zu öffnen, um eine Party zu feiern. Alles Weitere findet dann auf der Straße statt. Fette Lautsprecherboxen sind vorm Haus platziert und immense Mengen *Catchupa* werden gekocht. Familie, Freunde und Nachbarn sind eingeladen - und sogar unbeteiligte Passanten wie wir, die zufällig hineinstolpern. Man lädt uns ein, mitzufeiern, und schon bald halten wir

Bierflaschen in den Händen und unsere Füße beginnen im Rhythmus der Musik aus den Lautsprechern zu zucken. Unerwartet sind wir Teil der Party geworden. Nachdem wir der Braut und dem Bräutigam gratuliert haben, werden wir allen anderen vorgestellt. Die Schwester der Braut führt uns zu einem offenen Feuer, auf dem Fleisch gegart wird, und bittet uns, zuzulangen. Danach geht es weiter ins Wohnzimmer,

Die Kirche São Roque ist das älteste Gotteshaus auf Boa Vista (erbaut 1802) ^

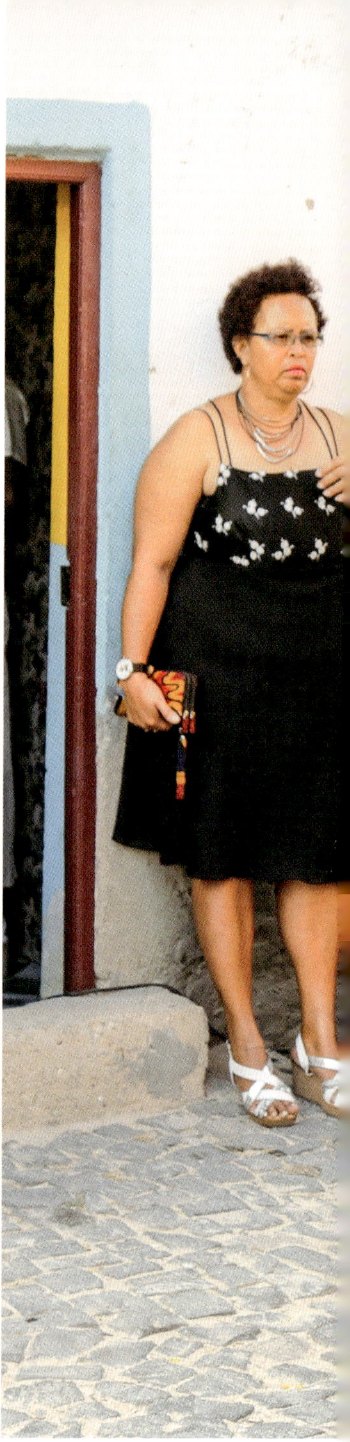

^ [oben] Keine Hochzeit ohne *Catchupa*
^ [mitte] Fleischeintopf steht auch auf der Speisekarte
^ [unten] Kinder tanzen auf der Hochzeit

Elegant gekleidete Gäste tanzen auf der Straße, wo ein Lautsprecher ^
Mornas, Funanás und Coladeiras spielt

wo ein großes Buffet mit allerlei exotischen Gerichten und Fingerfood angerichtet ist. Und dann steht da noch die obligatorische zweistöckige Hochzeitstorte, die das Brautpaar anschneidet.

Mit lauter Stimme werden unversehens alle wieder auf die Straße gerufen, denn nun tanzt das Paar den Landú, den traditionellen Hochzeitstanz von Boa Vista. Den müssen alle frisch Vermählten im Verlauf der Hochzeitsfeier aufführen. In dem Tanz verführt der Mann symbolisch die Frau bis hin zum gespielten Begattungsakt. Die Vorführung versetzt das ganze Publikum in Ekstase und schon bald tanzen alle mit, alte und junge Paare, aber auch Kinder, die ausgelassen und vielleicht doch etwas verfrüht den Landú tanzen.

Die ausgelassene Freude der Hochzeitsgesellschaft erinnert uns daran, dass der Kern einer jeden Feier das Miteinander der Menschen ist, oder, wie es einer der Gäste sagt: „Alles, was wir brauchen, ist gutes Essen, Drinks, um den Durst zu löschen, und Musik zum Tanzen, Tanzen, Tanzen, bis die Nacht anbricht." Kapverdier brauchen nicht viel, um glücklich zu sein. Gib ihnen Sonne, Meer, Musik und *Catchupa* und schon hast du die glücklichsten Menschen der Welt.



^ Junge Gäste bei der Hochzeitsfeier in Rabil

# Die Töpferschule von Rabil

Lange Zeit waren die Töpfer von Rabil für die Herstellung von Fliesen und Dachpfannen bekannt, die bis nach Westafrika exportiert wurden. Manche dieser Fliesen schmücken noch heute die Häuser von Rabil. Im Jahr 1960 wurde die Töpferschule von Rabil gegründet, um das traditionelle Handwerk an die nachfolgende Generation weiterzugeben. Damals bestand die Produktion vorwiegend in Nutzgegenständen aus gebranntem Ton, doch mit der zunehmenden „Entwicklung" der Insel verloren die jungen Leute ihr Interesse an dem Beruf und zogen es vor, in den Hotelanlagen, die überall auf der Insel entstanden, Arbeit zu finden.

Im Jahr 2008 wurde die Kunsthandwerkschule umgebaut und erhielt eine neue Ausrichtung als Manufaktur. Heute sind es vorwiegend Frauen, die kunstvolle Tonarbeiten und Gebrauchsgegenstände fertigen. Die Töpferwaren entstehen in der Regel nach Ideen der Handwerker, wobei die Ausgestaltung ihrer Kreativität überlassen bleibt. Der Großteil ihrer Manufaktur verkauft sich an Touristen, die hierher kommen, um sich die traditionelle Töpferei anzusehen und Souvenirs zu kaufen. Der Erlös fließt in die Unterstützung der lokalen Wirtschaft. Es werden aber auch Auftragsarbeiten nach Vorgaben der Kunden ausgeführt. Man verwendet den Ton aus der Ribeira do Rabil, ganz in der Nähe der Töpferschule. Er gilt als der beste Ton auf den Kapverden, was man an der Qualität der fertigen Objekte ablesen kann.

# Die blühenden und malerischen Dörfer im Norden

**Hier suchen wir nach dem Ursprung der Morna. In den pittoresken Dörfern und hinter den bunten Häuserfassaden hoffen wir Antworten auf unsere Fragen zu finden.**

Der bekannte kapverdische Schriftsteller Eugénio Tavares stellt die Behauptung auf, dass die Morna in den 1830er Jahren auf Boa Vista entstand, zu Zeiten des expandierenden Salzhandels. Er meint, dass die allererste historisch belegte Morna „Brada Maria" sei, die wahrscheinlich von José Bernardo Alfama geschrieben und komponiert wurde. Doch nachdem wir mit *Nhô* Romeu, dem Leiter der Musikschule von Boa Vista gesprochen haben, müssen wir erkennen, dass sich eher zahlreiche Theorien und Mythen um die Geburt der Morna ranken, als belegbare Fakten.

‹ Straße in Richtung des Dörfchens João Galego

*Nhô* Romeu heißt eigentlich mit seinem Taufnamen José Carlos Lima Mosso, wird aber hier nur mit seinem Spitznamen gerufen. Unter fröhlichem Lachen erzählt er uns, wie er zu diesem Pseudonym kam: Ein portugiesischer Fußballspieler namens

Romeu, der für Porto spielte, wurde einst vom Platz gestellt, nachdem er einen Gegner geschlagen und davor ein Tor geschossen hatte. Am selben Tag geschah *Nhô* Mosso genau dasselbe auf Boa Vista und von da an nannten ihn seine Freunde nur noch Romeu.

Wir entscheiden uns, die Suche nach dem Ursprung der Morna in den älteren Siedlungen im Inneren der Insel fortzusetzen. Normalerweise ist es leicht, auf den kapverdischen Inseln eine Mitfahrgelegenheit zu ergattern, aber hier auf Boa Vista ist das – wie wir bedauerlicherweise feststellen müssen – gar nicht so einfach. Der Transport von Ort zu Ort lässt sich hier entweder bequem und teuer gestalten, z.B. mit dem Taxi, oder einfach nur teuer mit dem eigenen Leihwagen. Kurz entschlossen mieten wir ein Auto und fahren Richtung Inland, wo sich die Erinnerungen an die alten Zeiten, so hoffen wir, unverfälscht gehalten haben und wir Antworten auf unsere brennenden Fragen finden werden.



^ Hier entsteht ein Kunsthandwerk aus Holz für Touristen

Auf unserer Tour fragen wir jeden Kapverdier, der uns über den Weg läuft, nach dem Ursprung dieser Liedform, die fortlebender Ausdruck der Kollektivseele dieses Landes ist. Wir fragen den Holzschnitzer, den Fischer, den Bäcker und den Barbier und ungezählte Namenlose. Alle nehmen sich die Zeit, ausführlich mit uns über ihr nationales Kulturerbe zu reden. Und alle sind sich darin einig, dass die Morna ihren Ursprung hier auf Boa Vista hat, doch niemand kann uns wasserdichte Belege dafür liefern. Wir fragen uns, ob Beweise überhaupt nötig sind, wenn alle befragten Einheimischen unisono einer Meinung sind ... Andererseits bekommen wir doch einige widersprüchliche Versionen kredenzt, bekommen allerlei Legenden und Theorien zu hören. Manche behaupten, die *Cabrers*, die Ziegenhirten, hätten sie als erste beim Ziegenhüten gesungen. Andere meinen, die Morna sei bei den Salzarbeitern der Insel entstanden, die in den Liedern die Ungerechtigkeiten der Herrschenden und ihre eigene Unzufriedenheit mit dem harten Leben beklagten. Eine Legende erzählt vom Sklaven Serafim, der in den Salzseen arbeitete und ohne Unterlaß sang, während er Salz schöpfte. Er muss wohl wirklich ein dermaßen guter Sänger gewesen sein, dass man ihn bat, nur noch zu singen, da die anderen Sklaven so ihre Arbeit noch besser verrichteten. Und so blieb es nicht aus, dass er auch von den Untaten der Aufseher, von Ehebruch und Verrat, sang. Allerdings als er über die Aufseher zu singen beging, wurde er natürlich bestraft.

Ein Fischer an der Praia das Gatas ^

Nachdem nun klar ist, dass wir nicht die eine Antwort auf unsere Frage finden werden, spannen wir den Bogen etwas weiter und werden die Einheimischen bitten, uns etwas über ihre Lieblings-Mornas zu erzählen.

Wir machen uns auf den Weg in das kleine Dorf mit Namen João Galego, wo wir Pedro Mangala treffen wollen, einen anerkannten Kenner der Mornas und Coladeiras, der zudem ein hervorragender Gitarrist sein soll. Man hat ihn uns mehrfach als kompetenten Gesprächspartner empfohlen. Wir finden ihn in einer Taverne, wo er seiner Schwester bei der Arbeit hilft. Als wir ihm unser Interesse an Mornas kundtun, blitzen seine Augen förmlich auf. Für einen Augenblick befürchten wir, dass er sich möglicherweise keine Zeit für uns nehmen wird. Aber er teilt uns bloß mit, dass er nicht ohne seine Gitarre über Mornas sprechen kann. Er geht, um sie zu holen. Wir warten derweil draußen auf der Straße auf ihn. Wenige Minuten später kommt er Gitarre spielend auf uns zu und macht uns so mit der Morna „Maria Barba" bekannt.

## Die Morna „Maria Barba"

Diese Morna ist ganz offensichtlich eine der bekanntesten auf Boa Vista. Sie wird zweisprachig vorgetragen, auf Portugiesisch und auf Kreol, weil sie in Dialogform die Liebesromanze zwischen Leutnant Serra - einem portugiesischen Offizier, der nach Boa Vista strafversetzt wurde - und Maria Barba, einem kapverdischen Mädchen, besingt. In diesem schwermütigen Lied bittet der Leutnant Maria Barba, noch nicht zu gehen, bei ihm zu bleiben und ihm noch ein Lied zu singen. Doch das Mädchen entschuldigt sich, sagt, dass man schon auf sie wartet, dass sie auf die Felder muss, um Heuschrecken zu töten - eine Anspielung auf die verheerenden Heuschreckenplagen, die das Land zu früheren Zeiten immer wieder heimsuchten.

Nachdem er uns das Lied vorgetragen hat, erklärt uns *Nhô* Mangala den Text mit so viel Hingabe und Empathie, dass wir uns nicht trauen, seine Gefühle zu stören und zu fragen, ob die Geschichte auf realen Begebenheiten fußt. Gab es Maria Barba wirklich und schlug sie die Avancen des verliebten Leutnants tatsächlich für die Heuschreckenjagd aus? Und trafen die beiden später je wieder zusammen, um gemeinsam ein fröhlicheres Lied anzustimmen? Als könne er unsere Gedanken lesen, erklärt uns *Nhô* Mangala, dass die Morna stets dramatische und hoch emotionale Begebenheiten besingt. Ein Happy-Ending findet so gut wie nie statt. Daher muss die Morna, seiner Meinung nach, eindeutig auf Boa Vista entstanden sein: „Wo sonst gibt es so viele Dramen? Wir leben auf einer fantastischen Insel mit Fantasiegestalten wie den *Gongons*, *Capotonas*, *Ti Lobo* und *Chi Blinho*. Wir sind das Land der Piraten, gesunkener Schiffe, von ‚Móia und Tramóia'. Doch auch das Land der Hoffnung und der Stärke. Ein *Cabrer* verlässt früh am Morgen sein Haus, mit der Hacke über der Schulter, wenn er sieht dass es regnet."

Pedro Mangala spielt eine Morna auf den Straßen von João Galego ›

## Der Leuchtturm und der Heilige Johannes

Was zur Hölle sind „Móia und Tramóia"? Die beiden kapverdischen Begriffe tauchen in vielen Mornas auf und beziehen sich auf havarierte Schiffe, die früher zuhauf vor der Küste auf Grund gingen oder im Meer versanken. „Móia" bezieht sich auf das Bergen der Güter von den Schiffswracks und wird in den Mornas damit gerechtfertigt, dass sie der Bevölkerung das Überleben in Zeiten des Hungers ermöglichte. Wie alles in einer dualistischen Welt hat auch die *Móia* einen Gegenpart, den die Kapverdier „Tramóia" nennen. Allzu oft forderte die gefährliche Beschaffung der rettenden Güter von den Wracks ihren Tribut in Form von Todesopfern. Während die *Móia* komödienhaft daher kommt, präsentiert sich die andere Seite der Münze, die *Tramóia*, stets als menschliche Tragödie.

Die Leuchttürme auf Boa Vista haben nicht jeden Schiffbruch verhindern können, wovon die vielen Wracks in den Gewässern vor der Küste zeugen. *Nhô* Romeu, Musiklehrer und Morna-Interpret vermutet, dass hier mehr Schiffe gesunken sind als irgendwo sonst auf den Weltmeeren. Vor Boa Vista liegen mehr als 100 Schiffswracks, eine wirklich erstaunliche Anzahl. Die Tatsache, dass die meisten Leuchttürme mittlerweile ihren Betrieb eingestellt haben, kann nur auf den ersten Blick verwundern. Dass heute hier so gut wie keine Schiffe mehr sinken, ist allein der besseren technischen Ausrüstung an Bord zu verdanken.

**„... Als er die Ursache erfuhr konnte er es kaum fassen"**

Vor einigen Jahren lief vor Boa Vista ein Schiff der kapverdischen Marine auf Grund und umgehend wurde ein Bergeschiff aus dem Senegal angefordert, um das in Seenot geratene Kriegsschiff zu retten. Der Schlepper wurde von einem erfahrenen Kapitän gesteuert, der sich in Küstennähe angekommen, zu wundern begann: Nicht ein einziges Signal vom Leuchtturm war zu sehen. Er ignorierte seine ursprüngliche Positionsbestimmung, der zu Folge er schon am Ziel angekommen sein musste, und entschied sich weiterzufahren - in der irrigen Annahme, dass er das Leuchtsignal schon noch rechtzeitig sehen würde. Und so geschah es, dass das Rettungsschiff das gleiche Schicksal erleiden musste wie das Schiff, zu dessen Rettung es hergekommen war: der Schlepper lief auf Grund. Der geschockte Kapitän verstand seine eigene Welt nicht mehr. Warum nur hatte er kein Leuchtsignal ausmachen können, trotz klarem Himmel und besten Wetterverhältnissen? Als er die Ursache für die Havarie seines Schiffes schließlich erfuhr, konnte er es kaum fassen. Die Auflösung der Geschichte: Es war der 24. Juni, der Tag, an dem auf Boa Vista das Fest des Hl. Johannes gefeiert wird. Zufälligerweise trug der diensthabende Leuchtturmwärter ebenfalls den Namen Johannes. João - Johannes - nahm das Fest seines Schutzpatrons und Namensheiligen überaus ernst und wollte die Feier keinesfalls versäumen. Gut möglich auch, dass das Feiern an sich für ihn wichtiger war, als alle Schutzpatrone zusammen. Damals war der Leuchtturm nur auf einem langen, zeitraubenden Fußmarsch zu erreichen. Wäre



Der alte Leuchtturm auf dem Morro Negro ›

João an diesem Abend zum Leuchtturm gegangen, um das Leuchtfeuer zu entzünden, hätte er die Feier zu seinem Namenstag verpasst. Zwei Herzen schlugen, ach, in seiner Brust und er entschied sich fürs Feiern. So kam es, dass der prallen Statistik zwei weitere auf Grund gelaufene Schiffe hinzugefügt werden mussten.

## Blühende Gärten in farbenfrohen Dörfern

Es ist um die Mittagszeit, als wir uns auf den Weg zu den – in unseren Augen – reizvollsten Siedlungen der Insel machen. Fundo das Figueiras und Cabeço dos Tarrafes sind kleine Dörfer mit nur einer Handvoll übersichtlicher Straßen, die von einfachen Häusern mit bunt angestrichenen Fassaden gesäumt werden. Die Vorgärten sind



^ Eine der bunten Straßen im idyllischen Fundo das Figueiras

voll von Blumen und Gewächsen, die in vielen Farben prächtig blühen. Die überaus freundlichen Bewohner heißen uns mit einem Lächeln willkommen. Aus den weit offenen Fenstern dringt der Geruch von gekochtem Essen. Wir vernehmen fröhliche Melodien, Funanás und Coladeiras tönen aus den Lautsprechern auf den Fensterbänken und erinnern uns daran, dass Musik so wie gute Laune und Glück stets großzügig geteilt werden sollten.

Wir steuern ein Restaurant an, das uns allseits wärmstens empfohlen wurde. Über die kleine Terrasse führt der Weg zu einem mit Menschen prall gefüllten Innenraum. Aufgeregtes Geschnatter empfängt uns, hier reden viele durcheinander und nur wenige Ohren hören zu. Wir sind am obligatorischen Anlaufpunkt für Touristengruppen aus aller Herren Länder angekommen und das hat seinen Grund. Das Restaurant ist auf der ganzen Insel für sein Spezialitätengericht bekannt und berühmt: geröstetes

Zicklein. Ohne auf die Speisekarte zu warten, bestellen wir auf gut Glück beim Kellner gleich zwei Portionen dieser lokalen Delikatesse. Der kennt das schon, und weiß aus Erfahrung, dass die Gäste wegen der Spezialität des Hauses herkommen und dass

kein Mensch hier nach *Catchupa* fragen wird. Das Zicklein wird auf eine sehr spezielle Weise zubereitet und mehrere Stunden lang bei Niedrigtemperatur im Ofen geschmort, bis das Fleisch ganz zart ist. Wir essen ganz langsam, fast andächtig, um jeden Bissen auszukosten. Genuss macht gute Laune, und so lassen wir uns nicht einmal von den Hunden stören, die uns zu Füßen liegen und mit geduldigen Bettleraugen auf unsere Reste schielen. Zwei Stühle werden nach draußen getragen und Musikanten mit Gitarren nehmen Platz. Ihr Auftritt ist ganz sicher keine spontane Vorstellung, sie ist wohl eher ein Programmpunkt im Erlebnisurlaub der anwesenden Touristen. Dennoch erfreuen wir uns an der musikalischen Unterhaltung, denn die Musik auf den Kapverden berührt uns, wann immer wir sie hören, wieder aufs Neue. Und wir haken die dargebotene Morna als einen weiteren Wink des Schicksals ab, das uns damit zu bestätigen scheint, dass die Wiege der Morna ganz klar auf Boa Vista – wo sonst? – zu suchen ist.

 ^ Das Brot wird in Fundo das Figueiras im Holzofen gebacken

Nach diesem deliziösen Festschmaus schlendern wir, körperlich und seelisch gesättigt, noch einmal auf einem Verdauungsspaziergang durch das malerische Dorf. Der Duft von frischer Backware lässt uns schnuppernd an einem geöffneten Fenster Halt machen. Eine Frau mit Einkaufstasche geht an uns vorbei durch die offene Tür des Hauses und gibt uns ein Zeichen, es ihr gleichzutun. Wir folgen ihr in den Innenhof, wo in einem kleinen Ofen gerade Brot gebacken wird. Das also ist die örtliche Bäckerei, deren Tür für alle stets offen steht. Die Kunden treten ganz einfach ein und rufen laut nach *Nha* Ângela, falls sie nicht am Ofen steht.

Da das Brot noch nicht ausgebacken ist, gedulden wir uns noch ein bißchen. In der Zwischenzeit erfahren wir von *Nha* Ângela, dass es hier im Ort zwei Bäckereien gibt, eigentlich eine zu viel für so ein kleines Dorf. Wie soll man damit umgehen? Soll einer sein Geschäft aufgeben, um dem anderen das Leben zu erleichtern, oder doch besser zur Attacke übergehen und dem anderen einen gnadenlosen Konkurrenzkampf liefern? Nein, die Menschen hier gehen mit Problemen dieser Art zivilisierter und intelligenter um. In diesem Fall halten sie sich an eine Absprache, die für beide Bäckereien und das ganze Dorf von Vorteil ist. Montags, mittwochs und freitags backt *Nha* Ângela, dienstags, donnerstags und samstags die andere Bäckerin. Sonntags haben beide geschlossen und in der folgenden Woche werden die Tage getauscht. Ein System, das ganz wunderbar zu funktionieren scheint.

*Nha* Ângela Gomes, eine der Bäckerinnen des Dorfes ^

## Magische Fenster

Fenster spielen eine wichtige Rolle im sozialen Gefüge von Fundo das Figueiras. Fast könnte man meinen, die gesamte Kommunikation untereinander und mit der Welt draußen fände ausschließlich durch sie statt und die Türen der Häuser seien eher unnötiges Beiwerk. Nachbarn reden durch die geöffneten Fenster miteinander, für Mädchen ersetzen sie den Spiegel beim Haare kämmen und sich Schönfinden, Radios finden ihren Platz auf den Fensterbänken ebenso wie die gepulten Bohnen, die hier zum Trocknen ausliegen. Geschäftige Frauen werfen zuerst einen Blick durchs Fenster, wenn jemand an die Tür klopft, und Kinder schauen verträumt aus ihnen in die große weite Welt hinaus. Gut möglich, dass ihnen das Tagträumen sehr viel schwerer fiele, gäbe es den gerahmten Blick durchs Fenster nicht.

Durch solch ein magisches Fenster reden auch wir mit einem elegant gekleideten älteren Herrn, der ebenso neugierig auf uns zu sein scheint wie wir auf ihn. Wie wir aus dem Gespräch mit ihm erfahren, verbringt er aus gesundheitlichen Gründen nun schon einige Zeit im Haus seines Sohnes. Er würde viel lieber in sein eigenes Haus zurückkehren, doch sein Gedächtnis sei nicht mehr so fit wie früher, sagt er, und sein Sohn mache sich deshalb große Sorgen um ihn. Dreimal sind wir zuvor an ihm vorbeigelaufen und jedes Mal hat er uns interessiert angelächelt. Wir erzählen ihm, dass wir Fotografen sind und dass wir in seinem idyllischen Dorf nach Fotomotiven suchen. Worauf er uns fragt, ob wir ein Porträt von ihm machen möchten? Dazu müsse er allerdings seinen Hut aufsetzen, weil er damit besser aussehe. Wir erfüllen ihm seinen Wunsch, selbst

**„Er ist ebenso neugierig auf uns, wie wir auf ihn …“**

wenn wir finden, dass er wie die meisten Kapverdier auch ohne Hut toll aussieht und aus seinem Innern heraus strahlt. Er ist mehr als zufrieden mit dem Ergebnis und wir sind es auch. Nach dieser letzten Begegnung an einem der magischen Fenster verlassen wir Fundo das Figueiras, das farbenfrohe Dorf im Norden der Insel.

Zur Rückfahrt nach Sal Rei wählen wir die Nordroute, die durch das kleine Dorf Bofareira führt. Man kann auf dieser Strecke einen Abstecher nach Espigueira machen, wo es eine Ecolodge gibt, die hier wunderbar in die Landschaft integriert und nach allen Regeln nachhaltigen, umweltfreundlichen Bauens errichtet wurde. Zur Anlage gehört ein kleiner Privatstrand und die Küche des zugehörigen Restaurants offeriert köstliche Fischgerichte vom Tagesfang. Ein idealer Ort, um zu entspannen. Von

‹ Kommunikation durch das offene Fenster, einer der besonderen Momente in Fundo das Figueiras

^ Die pittoreske Straße von Bofareira nach Sal Rei

ST · 88 · GE

dort aus führt eine weitere Pistenstraße nach Ponta Antónia an die Küste, die sich nur wenige Kilometer entfernt befindet.

Nur selten verirrt sich ein Besucher in das Dörfchen Bofareira und es ist daher nicht verwunderlich, dass sich die Einwohner über jeden Gast freuen, der hier Halt macht, einen Drink nimmt oder ein paar Souvenirs in den kleinen Läden des Dorfes kauft. Ehrlich gesagt, neben den menschlichen Begegnungen, den hier wie überall auf der Insel freundlichen und hilfsbereiten Menschen, der reizvollen Straße durch das trockene Land, auf der man jeder Menge Ziegen begegnet, gibt es keinen weiteren Grund, diesen Abstecher zu machen.

Auf dem Land sind Tiere Maßstab für einen gewissen Grad an Wohlstand und bilden damit eine wichtige Einkommensquelle. Sie liefern Fleisch und Milch und werden als Arbeitstiere eingesetzt, wie zum Beispiel zum Pflügen des Ackers oder beim Transport von Waren. Abel Lima beschreibt in seinem Buch „Erinnerungen eines Cabrers" auf anschauliche Weise, wie die Menschen aus Curral Velho ihre Erzeugnisse wie Käse, Gemüse und Fleisch auf Eseln nach Sal Rei transportierten. Sie brauchten drei Stunden, um dort anzukommen, und noch einmal genauso lange für den beschwerlichen Rückweg.

In diesem vom katholischen Glauben geprägten Land steuern Schweine, auf Kreol *Tchuk* genannt, einen großen Fleischanteil zur Ernährung bei. Sie werden im Hinterland in runden, aus Stein oder Holz gemauerten Schweinekoben gehalten. In

 ^ Ziegen gehören zu den wichtigsten Fleisch- und Milchlieferanten der Insel

den Städten versucht die Verwaltung, die Tiere außerhalb der Ortschaften unterzubringen. Zahlreiche Kommunen haben inzwischen Gemeinschaftsställe errichtet, in denen die Einwohner einen Platz für ihr oder ihre Schweine mieten können. Gewöhnlich sind es die Frauen und Kinder, die sich um das Familienschwein kümmern, und man sieht sie oft mit Körben und Plastikeimern voller Essensreste umherlaufen, um ihr *Tchuk* zu füttern.

Ziegen - *cabras* - sind das am weitesten verbreitete Haustier auf Boa Vista. In Ableitung davon werden die Einheimischen daher seit jeher *Cabrer* genannt. Ziegen sind äußerst widerstandsfähige und genügsame Tiere, die unter schwierigen Bedingungen überleben können. Sie sind resistent gegen vielerlei Krankheiten, kommen mit wenig Wasser aus und vermehren sich fleißig. Sie liefern Fleisch und Milch, aus der die Einheimischen köstlichen Ziegenkäse herstellen. Früher mussten auch Esel als Fleischlieferanten herhalten, heute jedoch dienen sie vor allem als leicht zu haltendes anspruchsloses Transportmittel für allerlei Waren, Wasser und Lebensmittel. Man kann sie kilometerweit brüllen hören, was sie gerne und oft tun, insbesondere dann, wenn sich Fremde nähern.

Das *Tchuk* (Schwein) ist auch ein beliebtes Haustier ^
und wird außerhalb der Dörfer in Pferchen gehalten

# Die vergessenen Dörfer des Südens

**Im unzugänglichen Süden der Insel treffen wir einen traditionellen Korbmacher, nehmen am Begräbnis einer alten Dame teil und besuchen eine versteckte Oase …**

Auf unserer Erkundungstour in den Süden der Insel müssen wir recht bald – leicht frustriert – kurz hinter Sal Rei feststellen, dass uns die komplizierten und wortreichen Wegbeschreibungen des freundlichen Mitarbeiters bei der Autovermietung nicht im Mindesten weiterhelfen. Ein hilfesuchender Blick auf unsere Karte bringt auch keine neue Erkenntnis, da nur wenige Rundwege um die Insel eingezeichnet sind. Also entscheiden wir uns frischen Mutes, der einzigen Straße Richtung Süden zu folgen. Sie führt kilometerweit

‹ Ankunft in der Oase Fonte Vicente im Zentrum der Insel

durch eine öde, eintönige und staubige Landschaft, bei deren Anblick man sich schon fragt, wer hier wohl lebt respektive leben möchte.

Povoação Velha, auf Deutsch „alte Siedlung", ist das älteste Dorf der Insel und war zur Zeit seiner Gründung im 16. Jahrhundert die einzige Siedlung auf Boa Vista – und das sollte viele Jahre lang so bleiben.

Wir haben uns mit einer ganz bestimmten Absicht auf den Weg gemacht: In Povoação Velha möchten wir *Nhô* Frank de Stancha treffen, einen Korbmacher von altem Schrot und Korn, dessen kunstvolle Arbeiten wir auf dem Markt in Sal Rei bewundert haben. Seine Körbe sind noch vollständig in Handarbeit gefertigt und ihm ist es zu verdanken, dass diese alte Tradition bisher nicht ausgestorben ist. Tatsächlich ist *Nhô* Frank viel mehr als nur ein Korbmacher, wie wir schon bald erfahren.

In Povoação Velha angekommen, fragen wir den ersten Passanten, den wir auf der Straße treffen, wo wir *Nhô* Frank finden können. In einem kleinen Dorf wie diesem, in dem jeder jeden kennt, ist es kaum verwunderlich, dass wir die gewünschte Auskunft auf Anhieb bekommen.

Wir klopfen an die Tür des bezeichneten Hauses und sehen uns einem feierlich gekleideten Mann gegenüber, der eine Geige samt Bogen in seinen Händen hält. Wie er uns mitteilt, ist er gerade im Begriff, zu einer Beerdigung zu gehen und lädt uns ein, mitzukommen und dann später zu reden. Heute wird *Nha* Cecilia zu Grabe getragen, die älteste Frau des Dorfes. Sie durfte nach einem langen Leben, leider ihren 103. Geburtstag nicht mehr erleben. Das ist die Erklärung dafür, warum im ganzen Dorf eine absolute Stille herrscht – alle Bewohner haben sich zur Kirche begeben, um den Tod der alten Dame zu betrauern und sie auf ihrem letzten Gang zu begleiten. Gemeinsam mit *Nhô* Frank machen wir uns auf zum schlichten Gotteshaus, das am Fuße eines staubigen Berghangs inmitten von einigen wenigen, vom Wind zerzausten Akazienbüschen steht. Von außen sieht die kleine Kirche adrett und gepflegt aus, mit ihrem weißen Anstrich und der lindgrünen Eingangstür. *Nhô* Frank gesellt sich zu den anderen Musikern und wir bleiben bei den versammelten Trauergästen draußen vor der Tür stehen.

Kurze Zeit später wird ein blauer Sarg aus der Kirche getragen und vorsichtig auf der Ladefläche eines roten Pickup-Trucks abgesetzt. Der Wagen führt die Prozession zum Friedhof an, es folgen die Musiker und der Rest der Trauergesellschaft, der wir uns ebenfalls anschließen. Im gleichen Augenblick, in dem die Musiker zu spielen anfangen, kommt jäh eine Windbö auf, die Staub und Blätter aufwirbelt. Als ob sie den Fortgang von *Nha* Cecilia nicht gutheißt und ihn verhindern will, könnte man meinen. Oder trägt der Wind ganz einfach nur ihre Seele mit sich davon? Dann lässt die Brise nach, vielleicht besänftigt von den Gitarren, die eine melancholische Morna anstimmen. Ein Lied, dessen Zeilen von den trauernden alten Damen, die am Wegrand vor ihren Häusern die Prozession begleiten, unter Tränen mitgesungen wird: „Hora di bai, hora

‹ *Nhô* Frank de Stancha spielt auf seiner Geige auf dem Begräbnis der ältesten Bewohnerin von Povoação Velha

di dor, dicham chorâ, destino de home" - „Zeit Adieu zu sagen, Zeit zu trauern, lasst uns weinen, denn dies ist das Schicksal des Menschen". Diese traurige Morna, geschrieben von Eugénio Tavares, scheint uns besonderes stimmig für das Geschehen und zugleich eine wunderbare Hommage an *Nha* Cecilia, die offenbar von allen Menschen in diesem kleinen Dorf gemocht und geliebt wurde.

In *Nhô* Franks Werkstatt angekommen nehmen wir mit Erstaunen zur Kenntnis, dass er viel mehr als nur ein Korbmacher ist. Er legt uns dar, dass ein Mann in abgelegenen Dörfern wie diesem verschiedene Berufe ausüben muss, um angemessen leben, und nicht zuletzt überleben zu können. Darum übt er neben seiner Tätigkeit als Korbmacher obendrein noch den Beruf des Barbiers, des Hutmachers und Schusters aus. Und er ist, ohne Frage, ein leidenschaftlicher Musiker, der verschiedene Instrumente spielt. Wir hatten ihm schon beim Geigenspiel auf dem Gang zum Friedhof zuhören dürfen und jetzt greift er zur Gitarre, um uns etwas Fröhlicheres vorzuspielen. Er führt uns seine Instrumente vor und erklärt uns mit einem Anflug von Wehmut in der Stimme: „Ich werde nie müde, Musik zu machen. Morna ist meine Lieblingsmusik, die ureigene kapverdische Art, unsere tiefsten Gefühle auszudrücken, sei es Liebe, *Sodade* oder wie am heutigen Tag Trauer über den Tod einer guten alten Freundin."

## Curral Velho, ein Geisterdorf am Ende des Weges

Von Povoação Velha führt uns der Weg nach Curral Velho - auf einer Straße, die im Nirgendwo zu enden scheint und sich Kilometer für Kilometer trockener und staubiger präsentiert. Endlich in dem abgeschiedenen Ort angekommen, erinnert heute nichts mehr daran, dass dies einstmals ein belebtes Fischerdorf war.

Im Windschatten des einzigen restaurierten Hauses treffen wir eine kapverdische Familie beim Picknick. Wir wünschen ihnen Guten Appetit, den sie bestimmt haben, wenn man von dem köstlichen Aroma ausgeht, den ihr Essen verbreitet. Die Großmutter *Nha* Albertina hat „Papa com Frisnote" zubereitet, ein traditionelles

Curral Velho ist heute ein Geisterdorf - › die Häuser sind verlassen und die Salzseen werden nicht länger genutzt; verwilderte Pferde bei Curral Velho

Gericht der Insel aus Mais, ähnlich zubereitet wie Polenta, mit gekochten Schweineinnereien als deftige Beilage. *Nhô* Brito delektiert sich an seiner „Linguiça da Terra", einer Art Schweinsblutwurst, während er uns nebenbei erzählt, dass dieser Ort einst der schönste auf der ganzen Insel war: „Der Boden hier war immer und ist auch heute noch sehr fruchtbar und die Leute kamen gut zurecht. Die Felder gaben ausreichend Futter für die Haustiere und Gemüse und Kartoffel für die Menschen her", erinnert sich *Nhô* Brito. „Es ist jammerschade, dass es heute nur noch ein Geisterdorf ist." Er erklärt uns, dass der Ort verlassen wurde, weil er schwer erreichbar ist. „In Zeiten, als es noch keine Autos gab, gingen die Leute zu Fuß nach Sal Rei oder ritten auf ihren Eseln hin. Sie standen bereits um 3 Uhr morgens auf, um beizeiten um 6 Uhr in Sal Rei zu sein. Dort verkauften sie Käse, Fleisch, Holz, Kokosnüsse, Salz und Datteln auf dem Markt. Heute will niemand mehr an einem dermaßen abgelegenen Ort leben."

Abel Lima, der Eigentümer, der bedauerlicherweise kurz nach der Renovierung seines Hauses starb, hat ein Buch geschrieben, in dem

**„... man kann mit der Hand Salz schöpfen ..."**

er Erinnerungen an seine Kindheit in Curral Velho festgehalten hat. Er beschreibt, dass das Dorf einst so reich und privilegiert war, dass sogar ausländische Investoren hier eine Fischfabrik errichteten. Den Einheimischen war schon vorab klar, dass das Projekt scheitern musste, vor allem wegen der starken Passatwinde, die ständig Sand aus der Sahara herantragen. Letzten Endes kam es wie es kommen musste und die Fabrik musste bald schließen. Dennoch litten die Einwohner von Curral Velho nie Hunger, nicht einmal während der großen Hungersnot in den 1940er Jahren. Damals fanden sogar Leute aus anderen Teilen der Insel hier eine Zuflucht. Außerhalb des Geisterdorfes finden sich Reste eines Salzsees, aus dem man heute noch mit der Hand Salz schöpfen kann. Einst wurde auch dieser See von den Einheimischen ausgebeutet, um das kostbare Salz auf der Insel und in Übersee zu verkaufen.

Auf unserem Weg zurück von Curral Velho nach Sal Rei fahren wir durch Fonte Vicente, eine versteckt liegende Oase, von der man uns sagte, dass hier einige der schönsten und mächtigsten Bäume der ganzen Insel zu finden sind. Zunächst sehen wir aber nichts außer Ziegenherden, die frei auf den Feldern entlang der Straße umherlaufen. Gut möglich, dass die Einwohner von Boa Vista deshalb *Cabrer* – von Portugiesisch *cabra*, Ziege – genannt werden, weil sie als Ziegenzüchter bekannt sind.

‹ [oben] Dattelpalmen und Akazien beugen sich dem permanenten Wind auf Boa Vista
‹ [unten] Warnschilder zeigen, wo Schildkröten brüten; Esel bei Praia da Boa Esperança

Nach rund 20 Minuten Fahrt durch tischebenes, staubtrockenes Gelände, taucht in dem allgegenwärtigen Schleier aus Staub ein leuchtend grüner Fleck auf: die Oase! Als wir uns nähern, stimmen zwei Esel gleich lautstark ein Duett an. Zwischen den Dattelpalmen bauen die Einheimischen Gemüse an: z.B. Süßkartoffeln, Maniok und Yamswurzeln. Ein Teil der Oase ist für gemeinschaftlich genutzte Gehege reserviert, in denen Schweine gehalten werden.

Die Wuchsform der Akazien zeugt von der Beharrlichkeit des Windes, der hier ohne Unterlass über die Insel fegt. Tiefgebeugt und bedauernswert grau sehen sie aus. Nur ein paar dunkelgrüne Blätter hier und da lassen ahnen, dass noch ein Rest von Leben in ihnen steckt. Dann taucht plötzlich, wie eine Fata Morgana, aus dem Nichts ein riesiger Seemandelbaum vor uns auf, majestätisch und aufrecht, als könne ihn kein Wind dieser Welt beugen. Die leuchtend grünen Blätter des Baumriesen scheinen frei von Staub und sehen aus, als seien sie gerade frisch poliert worden. Wir parken unser Auto im Schatten seines gewaltig ausladenden Geästs, unter dem ganz locker zehn weitere Autos Platz gefunden hätten. Wir steigen aus und entfernen uns ein paar Schritte, um den Baum in seinen ganzen Ausmaßen bewundern zu können. Schon allein der Anblick dieses Baumriesen, aber auch der Anblick des einen oder anderen Baobab, gewaltige Affenbrotbäume, lohnen eine Reise durch Staub und Wind zu dieser verborgenen Oase im Süden der Insel.

## „Erinnerungen eines Cabrers"

So heißt die Autobiographie von Abel Lima, ein Buch, in dem er seine Kindheit im kleinen Fischerdorf Curral Velho beschreibt. Der Autor, der sich auch große Meriten als Musiker erwarb, verließ schon früh seine Heimat, lebte in Afrika an der Elfenbeinküste und viele Jahre in Frankreich. Jenseits seiner literarischen Bedeutung ist das Buch eine historische Dokumentation vom Leben in einem Dorf, das all seine Einwohner aufgrund seiner abgelegenen Lage und schlechten Erreichbarkeit verlor. Es ist ein Zeugnis über die kulturellen, sozialen und praktischen Aspekte des kapverdischen Dorflebens. Abel Lima erzählt von traditionellen Festen, die Anlass waren, um die Familie zu besuchen, aber auch um beim *Grogue* zusammen zu sitzen, gut zu essen, Musik zu hören oder an Pferderennen teilzunehmen. Wie die betrunkenen Jockeys alle zum Lachen und Johlen brachten und selbst im volltrunkenen Zustand ins Ziel fanden. Er beschreibt aber auch, dass es in den 1950ern lebensnotwendig war, Meeresschildkröten zu töten, weil das Fleisch einer einzigen Schildkröte die gesamte Gemeinde eine Woche lang satt hielt. Geradezu köstlich sind die Episoden, die er über seine Eltern erzählt: Diese lebten nicht zusammen, weil sie nicht zusammen passten. Und wenn sie sich einmal sahen, teilten sie in unnötigen Streitereien ihre ganze „Lieblosigkeit" miteinander.



Ein großer Baobab in der Oase Fonte Vicente ›

 ^ Ein riesiger Seemandelbaum taucht plötzlich wie eine Fata Morgana inmitten der Oase auf

BV-67-AL

## Die Autoren

**Anabela Valente** hat nach einer ausgedehnten Weltreise eine vielversprechende Karriere in einer Kanzlei für Urheberrechte aufgegeben, um sich ganz ihrer Reiseleidenschaft zu widmen. Sie ist Mitbegründerin des Reisemagazins *diariesof*, hat verschiedene Reiseführer verfasst und vier Bücher über Kap Verde geschrieben - eines ihrer unbestrittenen Lieblingsreiseziele.

**Jorge Valente** ist Reisefotograf und Grafikdesigner. Die Neugier treibt ihn an und jede Reise verstärkt diese Neugier nur noch mehr. Nach zahlreichen Reisen um die Welt hat er gemeinsam mit seiner Frau Anabela das Magazin *diariesof* gegründet. Er freut sich besonders, seine Liebe zu den kapverdischen Inseln mit den Lesern zu teilen. Folgen Sie den beiden online auf diariesofmagazine.com.

## Danksagung

Wir danken Ralf, dem Herausgeber dieses Buches, für sein Vertrauen, seinen Witz, sein konstruktives Feedback und seine köstlichen Papaya-Milchshakes, ohne die dieses Buch nicht entstanden wäre. Danke auch an Toni Libardoni für all die Gespräche über die Insel; an Pedro Lopez, Samir Martins und Carolina Oujo von Bios.cv für ihren Beitrag und ihre Informationen über die Tierwelt von Boa Vista. Unser besonderer Dank gilt Alesandra Tomar für die Einführung in die Bücher von Germano Almeida, für die Einladung auf eine Hochzeit und die Möglichkeit, ihren Vater Káká Boavista zu interviewen. Ein herzliches Danke geht an *Nhô* Vão, *Nhô* Frank de Stancha, *Nhô* Romeu, Káká Boavista und *Nhô* Pedro Mangala, die uns ihre Mornas gespielt und erklärt haben. An Arieta Barros und Samuel Brito für das Teilen ihrer Leidenschaft für die Insel, sowie an Alexis, Colette, Vilma Fragoso, Michel Ramos, Linda Araújo, Ulrich Frank, Romilson de Jesus, Olga Gluszek, Klaus Kohler und António Galvão.

Und nicht zuletzt, Danke an alle ungenannten Kapverdier, die wir auf dieser Reise kennengelernt haben und die unsere Tage mit kleinen Tipps, helfenden Händen, Ratschlägen, einem freundlichen Lächeln und ihrer Liebenswürdigkeit bereichert haben. Alle diese Menschen haben unseren Aufenthalt auf Boa Vista zu einem ganz besonderen und bleibenden Erlebnis gemacht. Wir können es kaum erwarten, zurückzukehren!